Gemeinsam stärker

Gemeinsam stärker

Wie sich Pflanzen und Tiere durch Kooperationen Überlebensvorteile schaffen

Herausgegeben in Zusammenarbeit mit natur – Das Magazin für Natur, Umwelt und besseres Leben

wbg Theiss

Die Deutsche Nationalbibliothek verzeichnet diese Publikation in der Deutschen Nationalbibliografie; detaillierte bibliografische Daten sind im Internet über www.dnb.de abrufbar.

wbg Theiss ist ein Imprint der wbg.

Die Herausgabe des Werkes wurde durch die Vereinsmitglieder der wbg ermöglicht.

Projektleitung: Andrea Stegemann (V.i.S.d.P.)
Redaktion: Xenia El Mourabit
Autor:innen: Jana Burczyk, Stefanie Eichler, Christian Jung, Phoebe Koppendorfer, Monika Offenberger, Wiebke Pfohl, Joseph Scheppach, Ralf Stork, Kurt de Swaaf, Klaus Zintz
Bildredaktion: Julia Kant, Verlagsbüro Wais & Partner, Stuttgart
Satz: Melanie Jungels, TYPOREICH – Layout- und Satzwerkstatt, Nierstein
Umschlagabbildungen: links: shutterstock / KT photo, rechts: Imagebroker / OKAPIA / Thomas Dressler
Abb. auf S. 2: Gelungene Symbiose: Der Rotschnabel-Madenhacker befreit das Impala-Weibchen von lästigen Parasiten; imageBROKER / Okapia / Jean-François Ducasse

Gedruckt auf säurefreiem und alterungsbeständigem Papier
Printed in Europe

Besuchen Sie uns im Internet: www.wbg-wissenverbindet.de

ISBN 978-3-8062-4657-5

Elektronisch ist folgende Ausgabe erhältlich:
eBook (PDF): 978-3-8062-4835-7

Inhalt

In einer Ameameamemome

Spätestens seit sich der kleine Nemo im Disney-Film „Findet Nemo“ die Zunge zerbricht, als er am ersten Schultag den Namen seiner Behausung aussprechen soll, ist allgemein bekannt: Clownfische und Seeanemonen leben in einer engen Symbiose. Mit ihren giftigen Nesselzellen bietet die Anemone ihrem Partner Schutz vor Fressfeinden. Der bunte Fisch wiederum hält die Tentakel seiner Wirtin sauber und lockt Beute in die giftige Anemone. Diese fängt und verspeist die angelockten Tiere – die Reste fallen für den Clownfisch ab. Außerdem wedeln die „Nemos“ ihrer lebenden Behausung mit den Flossen Sauerstoff zu, wenn der im Wasser knapp wird.

Clownfische, auch Trauerband-Anemonenfisch genannt, gewöhnen ihren Körper langsam an das Gift der Anemonen. Zunächst berühren sie die giftigen Tentakel nur leicht. Eine Schleimschicht, die den Körper vor dem Gift schützt, wächst dadurch weiter an. Wie die Clownfische ihre Anemone finden, ist allerdings noch nicht geklärt. Als Jungtiere verlassen sie ihre Geburtsanemone und machen sich auf die Suche nach einem eigenen Symbiosepartner – vermutlich geleitet von ihrem Instinkt.

Farbtupfer in der Landschaft

Leuchtend gelb, fast wie eine herbstliche Landschaft, erstrahlen die Flechten auf den Steinen der Farne-Inseln in Northumberland, England. Die Gewächse können auf Felsen, Baumrinden, Dächern und sogar in der Antarktis wachsen, wo sie oft die einzigen Farbtupfer in der kargen Landschaft sind.

Flechten sind nicht ganz Pflanze, nicht ganz Pilz und auch kein Tier. Tatsächlich handelt es sich bei dem ungewöhnlichen Lebewesen um eine enge Partnerschaft zwischen Pilzen und Algen oder Cyanobakterien. Der Pilz bietet der Alge beziehungsweise dem Cyanobakterium Schutz vor Austrocknung, UV-Strahlung und Fressfeinden, während der Photobiont den Pilz mit Zucker und anderen Nährstoffen versorgt, die dieser durch Photosynthese produziert. Flechten bieten vielen Tieren wie Insekten, Spinnen, Schnecken oder Vögeln Lebensraum und Nahrung. Sie tragen zur Bodenbildung bei, indem sie Gestein zersetzen und Humus anreichern. Außerdem sind sie wichtige Bioindikatoren für die Luftqualität, da sie sehr empfindlich auf Schadstoffe reagieren und so anzeigen können, wie sauber oder verschmutzt die Umwelt ist.

Enger Familienzusammenhalt

Eine Herde Afrikanischer Elefanten zieht durch das Okavango-Delta, ein riesiges Binnenflussdelta im Norden von Botswana. Solche Gruppen bestehen meist aus verwandten Elefantenkühen und ihren Jungtieren, denn die Weibchen bleiben ihr Leben lang in der Herde, in der sie geboren wurden. Eine Leitkuh führt die Elefantenherde an. Sie ist für die Sicherheit, die Kommunikation innerhalb der Gruppe und die Nahrungssuche zuständig, sie kennt die besten Wasserstellen, Wanderwege und Gefahren der Umgebung.

Elefantenherden pflegen ein enges Zusammenleben. Wird ein Elefantenbaby geboren, eilen die Tanten und Geschwister herbei, um es zu begrüßen und zu betasten. Ist ein Elefant verletzt oder krank, kümmert sich die ganze Herde um den Artgenossen, bringt ihm Futter, versorgt Wunden und wartet auf Heilung. Stirbt ein Mitglied der Herde, trauern die Verwandten – und trösten sich gegenseitig. Und sogar über den Tod hinaus bleiben die Familienbande bestehen. So kehren manche Herdentiere regelmäßig zu den Gebeinen ihrer Verwandten zurück, um sanft an den Knochen zu schnuppern.

Symbiose – Gemeinsam stärker

Stein, Pflanze oder Tier? Tatsächlich sind Korallen Nesseltiere, die jedoch nur in Symbiose mit Algen überleben können.

Symbiose als Motor der Evolution

Monika Offenberger

Pflanzen, Tiere und Menschen konnten nur entstehen, weil Zellen vor Milliarden von Jahren begannen, miteinander zu kooperieren: Die erste Symbiose war geboren – und damit die Grundlage für das Leben, wie wir es heute kennen. Wie es dazu kam und warum Kooperation eine treibende Kraft in der Entwicklung des Lebens ist.

„Du hast das nicht, was andre haben, und andern mangeln deine Gaben. Aus dieser Unvollkommenheit entspringet die Geselligkeit." Mit diesen Reimen beschrieb Christian Fürchtegott Gellert anno 1769 ein folgenreiches Zweckbündnis: Ein Blinder nimmt einen Lahmen Huckepack und jener weist ihm den Weg; gemeinsam kommen die beiden voran und schaffen so, was jedem allein verwehrt ist. Gellerts Fabel ist ein Appell an die Menschen, füreinander einzustehen und sich zu unterstützen. Zugleich beschreibt sie ein Grundprinzip des Lebens: das Miteinander zum gegenseitigen Nutzen. Wenn nämlich zwei ungleiche Partner sich in ihren Talenten ergänzen, können alle besser (über-)leben als jeder für sich allein.

Ähnlich wie der Blinde und der Lahme leiden auch die Partner in biologischen Lebensgemeinschaften, jeder nach seiner Art, an Unzulänglichkeiten und verfügen zugleich über spezielle Fertigkeiten. Die Stärken des einen gleichen die Schwächen des anderen aus. Wenn jeder Bündnispartner sein Können mit dem anderen teilt, eröffnen sich für beide neue Lebenswege. Unter Biologen entzündete sich diese Erkenntnis an einer ebenso unscheinbaren wie merkwürdigen Lebensform, den Flechten. Man hatte diese Gewächse in der ersten Hälfte des 19. Jahrhunderts beschrieben und seither abwechselnd den Moosen, Algen oder Pilzen zugeordnet. Bis der Schweizer Botaniker Simon Schwendener behauptete, sie seien Mischwesen aus einem Pilz und zahlreichen Algen.

Konflikt unter Wissenschaftlern

Wie man heute weiß, hatte er damit recht. Damals aber brachte er mit seiner These die gesamte Fachwelt gegen sich auf. Denn er beschrieb den Pilz als einen „Schmarotzer, der gewohnt ist, von der Arbeit Anderer zu leben; seine Sclaven sind grüne Algen, die er selbst aufgesucht oder doch festgehalten und zum Dienste gezwungen hat". Schwendeners Widersacher machten sich über diese Vorstellung lustig: „Ein nützlicher und gar belebender Parasitismus – hat man je so etwas gehört?" Doch schon kurze Zeit später erwies sich die anfangs verlachte These als korrekt. Allerdings wehrten sich weiterhin viele Naturforscher gegen das Bild vom Pilz als faulem Ausbeuter der Algen. Und so ersann der Frankfurter Botaniker Anton de Bary 1878 den neutralen Begriff „Symbiose". Er beschreibt das Zusammenleben (*syn-bios*) von zwei oder

Manche Ameisen haben Haustiere. Etwa die Schwarze Wegameise – sie hält Exemplare der Schwarzen Bohnenlaus und melkt regelmäßig deren Honigtau. Die Laus erhält dafür Schutz. Meistens.

mehr Organismen, die verschiedenen Arten angehören, und umfasst sowohl Bündnisse zum gegenseitigen Nutzen als auch solche, die nur einem Partner Vorteile bringen.

Verschiedene Arten der Zusammenarbeit

Bis heute unterscheiden Biologen drei Kategorien von Symbionten, die der belgische Naturforscher Pierre-Joseph van Beneden als Parasiten, Kommensalen und Mutualisten bezeichnete. Vertreter dieser Gruppen, so ließ Beneden vor 140 Jahren verlauten, finde man auch in menschlichen Gesellschaften: „Des Parasiten Metier ist es, auf Kosten seines Nachbarn zu leben und Vorteil aus ihm zu ziehen, jedoch vorsichtig, damit er nicht dessen Leben gefährdet." Der Kommensale dagegen sei des Nachbarn Tischgenosse, doch „er lebt nicht auf Kosten seines Wirts; alles, was er begehrt, ist ein Heim oder des Freundes überschüssige Gaben".

Eine Symbiose, die für uns überlebenswichtig ist: Einst als eigenständiger Einzeller mit einem größeren Einzeller verschmolzen, produzieren Mitochondrien (in der Abbildung gelb) heute in fast allen unseren Zellen Energie.

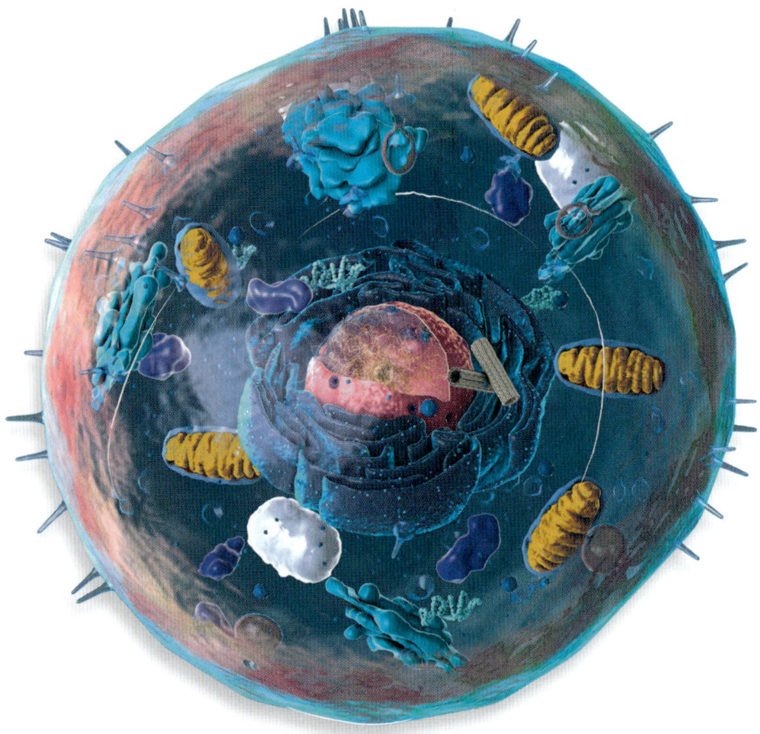

Mutualisten sind schließlich weder Parasiten noch Kommensalen: „Viele von ihnen sind aufeinander angewiesen; einige stehen sich wechselseitig zu Diensten, wieder andere ziehen Nutzen aus der Hilfe, die ihre Begleiter ihnen geben können; manche gewähren einander Asyl, und manche sind in gegenseitigem Mitgefühl verbunden."

Es mag befremdlich klingen, dass Biologen auch Schmarotzer wie Zecken und Bandwürmer und sogar die Erreger von Pest und Cholera zu den Symbionten zählen. Tatsächlich aber gibt es zwischen Parasiten, Kommensalen und Mutualisten fließende Übergänge. Unsere Darmbakterien passen nach diesem Schema am besten in die Kategorie der Mutualisten; gegen freie Kost und Logis helfen sie uns beim Verdauen und trainieren unser Immunsystem. Auch ein oft zu beobachtendes Zweckbündnis zwischen Ameisen und Blattläusen sieht nach einem fairen Tauschhandel aus: Wie Bodyguards halten die wehrhaften Ameisen den zarten Blattläusen hungrige Marienkäfer vom Leib – und werden von ihren Schützlingen mit süßem Honigtau belohnt. Von diesem Deal, so scheint es, profitieren beide Partner. Oder etwa nicht? Tatsächlich lässt sich gar nicht so leicht feststellen, ob von einem Bündnis stets alle Beteiligten profitieren. Oder ob nicht vielmehr einer den anderen übervorteilt. Denn das hängt von den jeweiligen Bedingungen ab – und die können sich abrupt ändern. Dieselbe Ameise, die eben noch eine Kolonie Blattläuse gegen Fressfeinde verteidigt hat, kann plötzlich selbst über die wehrlosen Saftsauger herfallen, wenn sie nicht genug andere Beutetiere wie Fliegenmaden oder Käferlarven findet.

Gefährliche Seite der Symbiose

Auch in anderen Symbiosen kann ein Freund schnell zum Feind werden. In Maßen fördern bestimmte Amöben unsere Mundhygiene, indem sie den Bakterienrasen kurzhalten. Vermehren sie sich zu stark, dann greifen sie die Schleimhaut an und werden so zu Parasiten. Ein Beispiel für heftigen Beziehungsstress liefern Riffkorallen, die mit verschiedenen Meeresalgen zusammenleben. Die Algen finden in

Simon Schwendener zeigte, dass Flechten Doppelwesen aus Pilz und Alge sind. Die damals revolutionäre Idee fand zunächst kaum Anhänger, ein Kritiker sprach sogar von „Schwendnerischer Einfalt".

Pilze sind keine faulen Schmarotzer, sondern leben schlicht mit Algen zusammen. Anton de Bary erfand dafür den Begriff: Symbiose, Zusammen-Leben.

den Korallen einen geschützten Platz an der Sonne und füttern, gleichsam als Mietzins, ihren Wirt mit selbst produziertem Traubenzucker. Übermäßige Sonneneinstrahlung kann diese fein austarierte Partnerschaft gefährden, denn sie kurbelt die Photosynthese der Algen an. Dabei entstehen Sauerstoffradikale, die das Gewebe der Korallenpolypen schädigen. In dieser Notlage kündigen die Korallen die Symbiose auf und werfen ihre Algen raus. Weil sie dabei auch ihre Farbenpracht verlieren, ist das Phänomen als Korallenbleiche bekannt.

Doch unterm Strich überwiegt für alle Beteiligten der Nutzen gegenüber möglichen Risiken. Deshalb lebt der Großteil aller Organismen auf unserem Planeten in Symbiosen. Allianzen zwischen grundverschiedenen Lebewesen sind die wichtigste Triebkraft der Evolution. Ohne Symbiosen gäbe es auf unserem Planeten keine Wälder, keine Wiesen, kein einziges Tier, weder an Land noch im Wasser, nicht einmal Schimmelpilze oder Pantoffeltierchen – und natürlich auch keine Menschen. Denn ebenso wie alle anderen Mehrzeller und bestimmte Mikroben sind auch wir aus komplexen Zellen gemacht. Abgeleitet vom griechischen *Karyon*, also Kern, und *eu*, was „echt" bedeutet, nennt man sie Eukaryonten-Zellen. Sie sind das Produkt einer symbiotischen Verschmelzung verschiedener urtümlicher Bakterien. Erst durch den Zusammenschluss winziger Einzeller konnte eine wesentlich größere, komplexer organisierte Zelle entstehen, die sich mit ihresgleichen zu vielzelligen Wesen zusammentat. Neben dem Kern besitzt diese moderne Zelle weitere spezialisierte Mini-Organe oder Organellen, in denen geatmet, entgiftet und stets zur rechten Zeit am rechten Ort alle notwendigen Baustoffe, Hormone und Enzyme produziert werden. Die Geschichte erinnert an den Blinden und den Lahmen, die nur gemeinsam neue Wege gehen können.

Die erste Symbiose

Wie hat sich die Verschmelzung dieser urtümlichen Zellen abgespielt? Wer hat sich wen einverleibt? Und warum war diese Liaison so erfolgreich? Diese Fragen führen zurück in die Frühzeit unseres Planeten. Älteste Spuren von Lebewesen werden vor vier Milliarden Jahren vermutet, erste Mikrofossilien sind aus 3,7 Milliarden alten Gesteinsablagerungen bekannt. Dagegen datieren Biologen die Entstehung der Eukaryonten-Zelle auf eine Zeit vor 2,4 oder gar 2,9 Milliarden Jahren. Bis dahin hatten vielerlei einzellige Lebewesen bereits drei Methoden der Energiegewinnung entwickelt: Die modernsten unter ihnen gewannen ihre Energie via Zellatmung aus der Verbrennung von Sauerstoff. Photobakterien und Cyanobakterien nutzten die Sonnenenergie. Wer keine dieser Techniken beherrschte, lebte wie die allerersten Zellen vom Vergären zuckerartiger Nährstoffe, die in den Urozeanen herumschwammen. Trotz ihrer grundverschiedenen Lebensweisen hatten alle diese Organismen eine wichtige Gemeinsamkeit: Sie bestanden aus einer einzigen, sehr kleinen Zelle und besaßen weder einen Zellkern noch Organellen. Solche einfach gebauten Lebewesen bezeichnen Biologen als Prokaryonten. Sie unterscheiden dabei zwei Gruppen: Bakterien und Archaeen. Beide Mikrobengruppen besiedeln noch heute in ungeheurer Artenzahl und -vielfalt unsere Erde. Viele Biomoleküle und auch das Erbgut der Archaeen ähneln in ihrem molekularen Aufbau mehr den vielzelligen höheren Organismen als den Bakterien.

Vor etwa 1,7 Milliarden Jahren gelang einem frühen Vertreter der Archaeen ein Meisterstück, das die weitere Entwicklung des Lebens so nachhaltig prägte wie kein zweites. Evolutionsbiologen entwerfen dazu folgendes Szenario: Eines dieser altmodischen Archaeen, das durch Gärung sein Leben fristete, begann sich ein fortschrittliches, atmendes Bakterium einzuverleiben. Statt seine Beute einfach zu verdauen, hielt es sie dauerhaft in sich gefangen und benützte sie

Sie bilden kleine Trompeten und Blätter, sehen aus wie winzige Sträucher und Korallen oder bilden eine bunte Kruste auf dem Boden. Flechten sind vielfältig. Weltweit gibt es etwa 25.000 verschiedene Flechtenarten.

als Energielieferanten – und wurde so zum Vorfahren jener Biokraftwerke, die wir heute Mitochondrien nennen. Der unfreiwillige Untermieter profitierte seinerseits von seinem Wirt, denn dieser bot ihm Schutz und Nahrung. Im Laufe vieler Jahrmillionen gewöhnten sich die ungleichen Partner aneinander. Der Wirt verließ sich voll und ganz auf seine neue Energiequelle; im Gegenzug übertrug ihm der Untermieter mehr und mehr seines Erbmaterials. Bald konnte keiner der beiden mehr ohne den anderen leben. Und so ist es bis heute geblieben.

Mehr Platz für Gene

„Heute wissen wir, dass alle Eukaryoten von einem gemeinsamen Vorfahren abstammen, der sich in den vier Milliarden Jahren irdischen Lebens per definitionem genau einmal entwickelt", schreibt der britische Evolutionsbiologe Nick Lane in seinem Buch „Der Funke des Lebens", und weiter: „Das bedeutet, dass sich Pflanzen nicht aus einer bestimmten Bakterienform entwickelt haben und Tiere oder Pilze aus jeweils anderen. Vielmehr ist eine Population morphologisch komplexer eukaryotischer Zellen bei einer einzigen Gelegenheit entstanden und alle Pflanzen, Tiere, Algen und Pilze stammen von dieser Gründerpopulation ab". Warum war dieser neue Zelltyp so erfolgreich? Warum hat nicht auch sein Vorläufermodell, die Prokaryonten-Zelle, vielzellige Wesen erschaffen? Die Antwort ist verblüffend einfach: Die Prokaryonten-Zelle ist nicht groß genug. Folglich hat sie nicht genug Platz für die Masse an Informationen – sprich: Genen –, die zum Aufbau und Unterhalt eines vielzelligen Lebewesens mit seinen zahlreichen unterschiedlichen Zelltypen gebraucht werden. Die Eukaryonten-Zelle aber hat diesen Platz. Sie fasst tausend Mal so viel wie ein Bakterium. Und weil sie die Zellatmung durch ein Heer von oft Vieltausenden Mitochondrien – den Nachfahren der einst einverleibten atmenden Bakterien – betreiben lässt, kann sie vieltausendmal mehr Energie erzeugen als ein theoretisches Bakterium vergleichbarer Größe es könnte.

Durch Endosymbiose erwarb die Eukaryonten-Zelle also mit einem Schlag einen hoch entwickelten Kraftwerkstyp mit einer in Jahrmillionen ausgereiften Energieerzeugungstechnik. Symbiose erlaubt Evolution im Zeitraffer. Statt jedes der vielen Enzyme und Bauelemente neu zu erfinden, liefert sie das fertige Endprodukt – und die genetische Konstruktionsanleitung gleich mit dazu. Denn mit den Mitochondrien kam ja auch das Erbgut ihrer Vorfahren in die Wirtszelle. Im Lauf der Zeit wurde es mit dem Genom der Wirtszelle abgeglichen: Was doppelt war, wurde abgeschafft oder so verändert, dass es als Vorlage für neuartige Proteine diente. Außerdem begannen die Organellen, Teile ihres eigenen genetischen Materials in den Zellkern zu verlagern.

Symbiose als Treiber der Evolution

Kaum entstanden, gingen diese modernen Organismen weitere Symbiosen ein, sowohl mit ihresgleichen als auch mit Mikroben. Pilze verbündeten sich mit Algen oder Bakterien zu Flechten und behaupteten sich gemeinsam erstmals auf dem trockenen Land. Was sie zum Leben brauchten, bezogen sie aus Wasser, Luft und Fels. Selbst kamen sie ohne organische Materie aus, um ihrerseits solche zu produzieren und damit den ersten Landpflanzen den Boden zu bereiten. Wo die ersten einfach gebauten, moosähnlichen Gewächse Fuß gefasst hatten, machten auch sie sich mit Pilzen gemein; das belegen 460 Millionen Jahre alte Fossilfunde solcher „Wurzelpilze", die man Mykorrhizen nennt. Bakterien, die gasförmigen Stickstoff fixieren können, teilten den wertvollen Nährstoff mit ihren Wirtspflanzen. Nach und nach konnten sich so alle großen Landökosysteme entfalten: Steppen, Grasländer, Wälder. Sie wurden zur Heimat für unzählige Tiere, die sich mit weiteren Tieren, Pflanzen, Pilzen und Bakterien zusammenschlossen. Das Prinzip der Kooperation steht somit keineswegs im Gegensatz zu Charles Darwins Theorie, die der Konkurrenz große Bedeutung beimisst. Gemeinsinn und Eigennutz ergänzen sich zum Erfolgsmodell Leben.

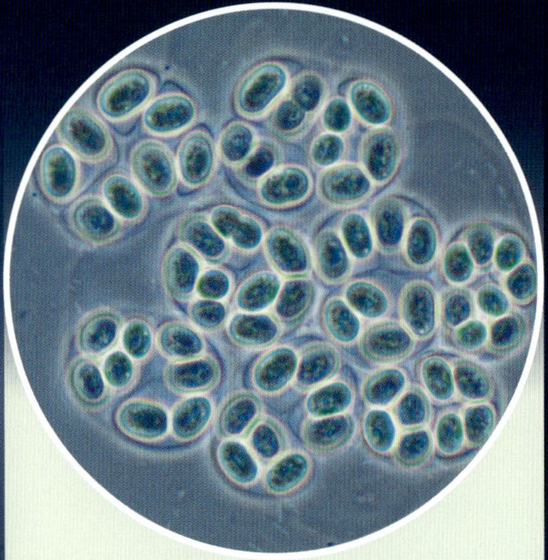

1

Es beginnt wie die biblische Geschichte von Jona und dem Wal, nur dass sich hier ein bakterienartiges Lebewesen ein anderes einverleibt. Es verdaut das Gefressene nicht, sondern lässt es in seinem Inneren weiterleben. Damit markierten zwei winzig kleine Einzeller den Ursprung der Symbiose – und gaben den Startschuss für alles Grüne auf unserer Erde. Denn: Die einverleibte Zelle betrieb von nun an Photosynthese im Austausch gegen Versorgung und Schutz durch die größere äußere Zelle. Die erste pflanzliche Zelle war geboren. Ähnlich entstand auch die erste tierische Zelle: Frei lebende Mitochondriale Bakterien, die Phosphorverbindungen zu Energie verstoffwechseln können, wurden von größeren Organismen verschluckt. Doch statt verdaut zu werden, produzierten sie nun als eine Art Miniaturkraftwerk Energie. Heute finden sich solche Mitochondrien in jeder menschlichen Zelle.

Die Ursymbiose – die pflanzliche Zelle

2

Was machen Algen an Land? Weit entfernt von ihrem ursprünglichen Lebensraum, dem Wasser, haben sie sich mit Pilzen zu einem Doppelwesen zusammengeschlossen. Flechten sind erstaunliche Überlebenskünstler, man findet sie auf den unmöglichsten Oberflächen, etwa Gestein, Beton und sogar Metall. Wie kann das gehen? Der Algenanteil betreibt Photosynthese, so können Flechten ganz ohne organische Nahrung überleben. Der Pilzanteil dagegen sorgt für Schutz: Durch die pilztypische Chitin-Zellwand ist der Organismus vor Kälte, Hitze und Trockenheit geschützt. Ob auf dem Gehweg oder der Baumrinde, sie werden oft übersehen, haben aber sei Hunderten von Millionen Jahren Erfolg mit ihrer Partnerschaft.

Symbiotischer Landgang

3

Lange wusste man nicht, in welche Schublade man die Koralle stecken sollte: Tier, Pflanze oder Stein? Tatsächlich sind es Korallentiere, die mit einzelligen Algenpflanzen zusammenleben und steinartige Kalkgebilde formen. Die sogenannten Zooxanthellen heften sich an die Kalkschale der Tiere und betreiben Photosynthese. Gegen Schutz und Nährstoffe versorgen sie die Korallentiere mit Sauerstoff und Glukose. Außerdem scheiden die Algenpolypen Kalk aus, den die Koralle zum Aufbau ihres Skeletts verwendet – damit bilden die winzigen Korallentiere riesige Riffe. Diese artenreichen Meereszonen sind eine Hochburg der Symbiose. Denn in der engen Lebensgemeinschaft kann es schon einmal gefährlich und die Nahrung knapp werden. Für einige Bewohner hat sich unter diesen Umständen die Symbiose als Überlebensstrategie bewährt: Putzerfische leben in den Mündern von Muränen, Anemonen und Clownfische jagen zusammen.

Revolution im Meer

1 vor 2,5 bis 2,4 Mrd. Jahren

5

Überall grün, nirgends eine bunte Blüte – so sähe es heute auf dem gesamten Festland der Erde aus, hätten sich Blütenpflanzen und Bestäuber nicht zusammen weiterentwickelt. Pflanzen begannen ihren Pollen durch bunte Blütenblätter zu schützten. Das lockte Insekten und andere Tiere an, die den Nektar tranken und Blütenpollen verteilten. Im Laufe der Jahrmillionen passten sich die Blüten und Bestäuber einander an: Pflanzen entwickelten neue Blütenfarben und -formen, Bestäuber blütenspezifische Eigenheiten wie etwa besondere Schnäbel.

Etwa zur gleichen Zeit entwickelten sich Knöllchenbakterien. Die Mikroorganismen, die als erbsenförmige Kügelchen in den Wurzeln einiger Ackerpflanzen zu finden sind, können molekularen Stickstoff binden und die Pflanzen damit versorgen. Im Gegenzug erhalten sie Zuckerprodukte aus der Photosynthese. Ursprünglich entstand diese Zusammenarbeit zwischen Bäumen und Bakterien, seither haben sich daraus Hülsenfrüchten wie Erbse, Bohne, Linse und Co. entwickelt.

Revolution der Pflanzenwelt

4

Dass es heute Bäume, Blumen und Sträucher gibt, ist – unter anderem – Pilzen zu verdanken. Sie ermöglichten, dass die ersten Pflanzen das Land besiedelten. Damals hatten die Pflanzen keine groß ausgeprägten Wurzeln. Mykorrhizapilze unterstützten das Grünzeug durch ihre feinen Haarwurzeln bei der Aufnahme von Wasser und Nährstoffen. Im Gegenzug revanchiert sich die Pflanze durch Abgabe des Photosyntheseprodukts Glukose. Und tut das auch heute noch: Forscher schätzen, dass 90 Prozent aller heutigen Landpflanzen in dieser Symbiose leben.

Eine Symbiose begrünt das Land

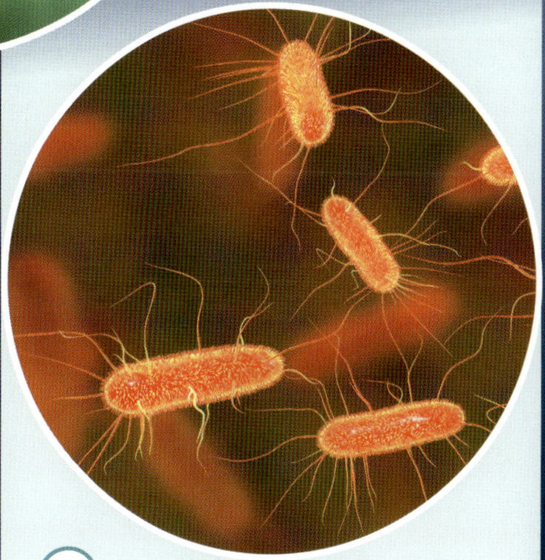

6

Auch wir leben in einer Symbiose. Auf und in jedem Menschen leben zehnmal mehr Bakterien und Archaeen, als unser Körper Zellen hat. Sie haben sich parallel zu uns entwickelt. Heute sind wir voneinander abhängig und könnten ohneeinander nicht leben. Die Mikroben leben im Schutz unserer Organe unter den für sie perfekten Temperatur- und pH-Werten. Sie ernähren sich von unserer Nahrung und spalten dabei enzymatisch Nährstoffe auf, die uns sonst nicht zur Verfügung stünden. Außerdem bilden sie einen Schutzmantel gegen schädliche Krankheitserreger. Die Zusammensetzung der Organismen ändert sich mit unserer Ernährung – sie hängt sozusagen davon ab, wie wir sie füttern.

Alltäglich unbemerkt – die Symbiose in uns Menschen

vor 600 Mio. Jahren 2
3 vor 540 Mio. Jahren
4 vor 100 Mio. Jahren
5 vor 100 Mio. Jahren
6 vor 2,6 Mio. Jahren

Fast zwei Kilogramm Mikroorganismen tragen wir alle im Darm mit uns herum: das Mikrobiom.

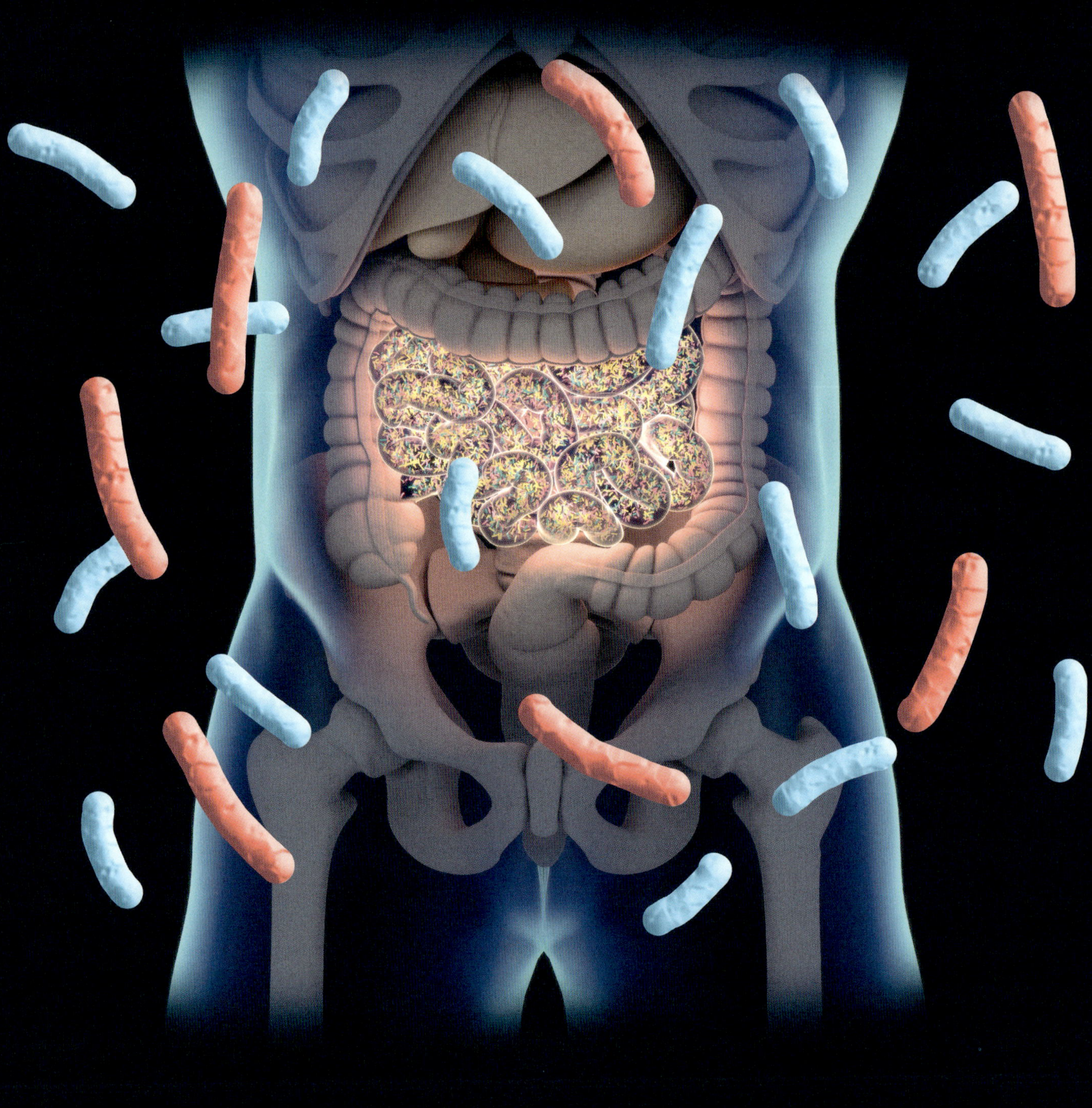

Wir sind nicht allein

Christian Jung

Bunt zusammengesetzt tummeln sich Millionen Mikroorganismen im Darm und verrichten im größten Organ des Körpers ihre Arbeit: das Mikrobiom. Dieses Einzeller-Kollektiv agiert derart wirkungsvoll, dass die Körpermitte inzwischen sogar als zweite Steuerzentrale des Körpers angesehen wird.

Ein felsenzerklüfteter Meeresboden, über dem eine Vielzahl von Fischen und anderen Ozeanbewohnern in einer schillernden Unterwasserwelt schwimmt; ein tropischer Regenwald, in dessen Schutz vom Schmetterling über Frosch, Schlange und Papagei bis zum Faultier zahlreiche, ganz verschiedene Bewohner ebenso unterwegs sind wie verborgen. Solche Bilder tauchen vor dem inneren Auge als Erstes auf, wenn es um besonders vielfältige Lebensgemeinschaften voll fein gesponnener Beziehungen geht.

An den eigenen Darm hingegen dürfte bei diesem Thema kaum jemand denken. Dabei enthält er eines der komplexesten Ökosysteme, die man kennt – und in dem es sich zudem offenbar gut lebt. Eine schier unfassbare Menge an Mikroben existiert hier: Bakterien vor allem, aber auch Viren, Würmer und andere Mikroorganismen. Ein einziges Gramm Darminhalt enthält rund 100 Milliarden dieser Kleinstlebewesen. Schätzungen zufolge trägt jeder gesunde Mensch auf und in seinem Körper etwa 1,3-mal mehr Bakterien und andere Mikroorganismen herum als an eigenem Zell- und Gewebematerial. Insgesamt kommen etliche Hundert Gramm solcher – zumeist – Einzeller zusammen, von denen sich der Großteil im Dickdarm aufhält. Lange Zeit verortete man Mikroorganismen nur in der Außenwelt, außerhalb des Körpers. Gelangten sie in dessen Inneres, galt das als bedrohlich.

Weggefährten seit Millionen Jahren

Doch das komplexe Zusammenspiel der Mikroben im Darm hat viel weitreichendere Folgen für den Organismus – im Normalfall überaus positive. Mit ihrem Wirt sind sie ebenso wie untereinander durch zahlreiche Beziehungen verbunden, konkurrieren und kooperieren miteinander, nutzen das reiche Nahrungsangebot im Darm und bauen für den Menschen schwer verdauliche Bestandteile in neue Verbindungen um, die er verwerten kann. Hunderte Mikrobenarten setzen dabei Tausende von Substanzen frei, die im Körper ihre Wirkungen entfalten und damit einen großen Einfluss auf die Gesundheit des Wirts haben. Die Gesamtheit dieser mikrobiellen Mitbewohner mitsamt ihren Lebensräumen und ökologischen Funktionen bezeichnen Fachleute als Mikrobiom. Es begleitet den Menschen seit Millionen Jahren. Nur mit Unterstützung der Mikroben lässt sich Nahrung aufschließen und verdauen. Nur mit ihrer Hilfe funktioniert im Dünndarm die Darmbarriere und verhindert den Übertritt schädigender Umwelteinflüsse in den Organismus oder gewährt den Transfer von Substanzen wie Medikamenten. Überhaupt reichen Wirkungen aus dem Magen-Darm-System – via Vagusnerv oder Stoffwechselkette – auf etlichen Wegen sogar bis zur Blut-Hirn-Schranke.

Spätestens mit dieser Erkenntnis verlagerte sich das bis dahin propagierte Bild von der Existenz einer einzigen Denk- und Wissensarchitektur im Kopf perspektivisch hin zu zwei verbundenen Steuerzentralen, von denen eine im Kopf (Gehirn), die andere in der Mitte des Organismus sitzt. Vor einigen Jahren ermittelten Forschende die beeindruckende Zahl von rund 200 Millionen Nervenzellen im Magen-Darm-Trakt des Menschen. Nach und nach gelingt es seitdem, den wechselseitigen Austausch zwischen Gehirn und Darm zu verstehen. Mehr und mehr wird dabei die Bedeutung des Mikrobioms sichtbar.

Ein Hauptast der boomenden Mikrobiom-Forschung entwickelte sich entlang der Frage, wie sich die Lebensgemeinschaften auf der Haut oder im Darm des Menschen grundsätzlich zusammensetzen. Um diese Mikro-Kollektive zu erfassen, werden Kotproben auf Mikroben-DNA untersucht. Die anhand von genetischen Analysen identifizierten oder unbekannten Organismen gehen in eine Inventarliste ein. Immer wieder werden dabei bis dato unbekannte Mikroben entdeckt. So fand erst 2019 ein Team um Samuel Forster vom Wellcome Sanger-Genomforschungsinstitut in Großbritannien bei Analysen des Kots von je zwanzig Briten und Kanadiern ohne spezifischen Krankheitshintergrund 273 Bakterienarten, davon 105 unbekannte.

Mikrobieller Fingerabdruck

Auch zeigt sich stets: Bei jedem Menschen setzen sich die Untermieter – die zahlenmäßig dominierenden Bakterien nebst weiteren Einzellern – zu einem innerhalb eines Kulturkreises zwar ähnlichen, in den Details aber individuell spezifischen Gesamtbild zusammen. Je mehr die Herkunft und die kulturellen Rahmensetzungen zweier Menschen stammesgeschichtlich (und damit genetisch) auseinander liegen, umso mehr unterscheiden sich die Mikrobiome in ihrer Zusammensetzung voneinander. Alter, Umwelteinflüsse, Lebensstil, Ernährungsweise und genetische Ausstattung sorgen für den individuellen Fingerabdruck des Mikrobioms, dessen Zusammensetzung der ersten Lebensjahre lebenslang nachwirkt.

Doch der Blick auf die Mikroben-WG kann auf der Ebene der kulturell-bedingten Eigenheiten und der Artenzusammensetzung noch nicht verharren. Die bislang skizzierte Architektur einer individuell zusammengesetzten mikrobiellen Lebensgemeinschaft wird in der Realität weiter verkompliziert dadurch, dass nahezu jede Art aus verschiedenen Stämmen besteht. Und auch davon trägt jeder Mensch seine persönliche Kombination mit sich herum. Grundlage dieser Ausdifferenzierungen des Erbguts sind Mutationen, die die Mikroben im Darm ihres Wirts-Menschen erfahren. Sie lassen letztlich die hoch individualisierten Mikrobiom-Subpopulationen entstehen, von denen es im Prinzip so viele verschiedene gibt, wie Menschen auf diesem Planeten leben. Dabei fällt auf, dass überdurchschnittlich viele Mutationen bei Bakterien zu finden sind, die in Regionen des Darms vorkommen, wo sie vermehrt äußeren oder inneren Umwelteinflüssen ausgesetzt sind.

„Die große Vielfalt der Darmbewohner resultiert aus diesem besonderen Ökosystem mit seinen unzähligen Nischen für unterschiedliche Ansprüche", erklärt Mikrobiom-Experte Alexander Loy, Mitbegründer der Austrian Microbiome Initiative (AMICI). Während zum Beispiel unmittelbar an der gut durchbluteten Darmschleimhaut reichlich Sauerstoff zur Verfügung steht, ist er im Inneren des Dickdarms Mangelware. Entsprechend leben dort nur anaerobe Bakterien mit einem an sauerstofffreie Verhältnisse angepassten Stoffwechsel.

Die Möglichkeiten im Darm lebender Mikroben reichen erheblich weiter, als unlängst noch vermutet – und zwar bis zur Blut-Hirn-Schranke. Diese Barriere ist ein selektiver physiologischer Filter zwischen Blutkreislauf, Gehirn und Rückenmark, über den zum einen die vom Gehirn benötigten Nährstoffe sowie einige Arzneien und deren Vorstufen zugeführt und entstandene Stoffwechselprodukte abgeführt wer-

Jedes Mikrobiom ist einzigartig – wie ein Fingerabdruck. Unter dem Fluoreszenzmikroskop können Forschende die Darm-WG betrachten.

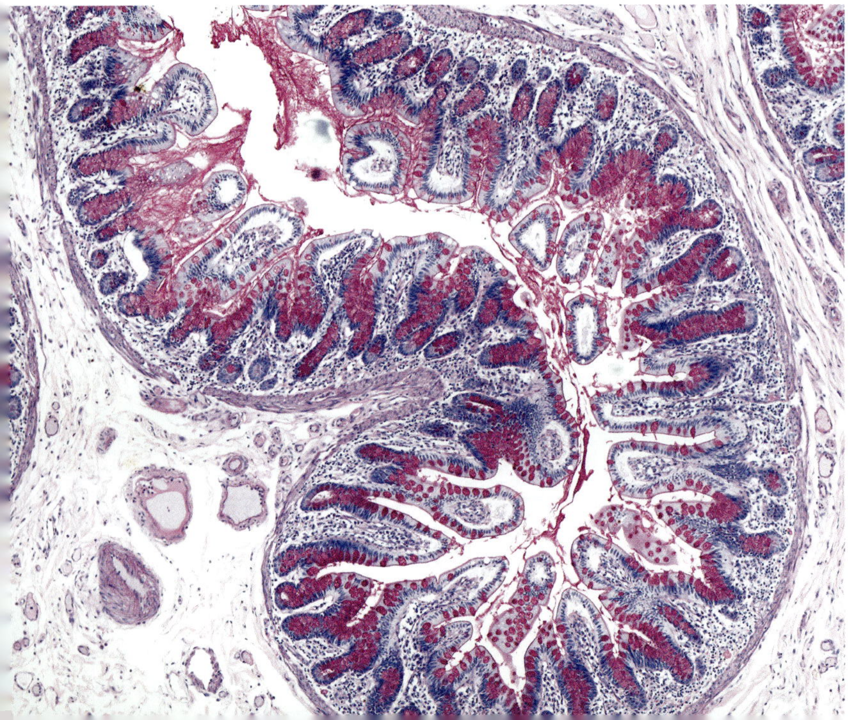

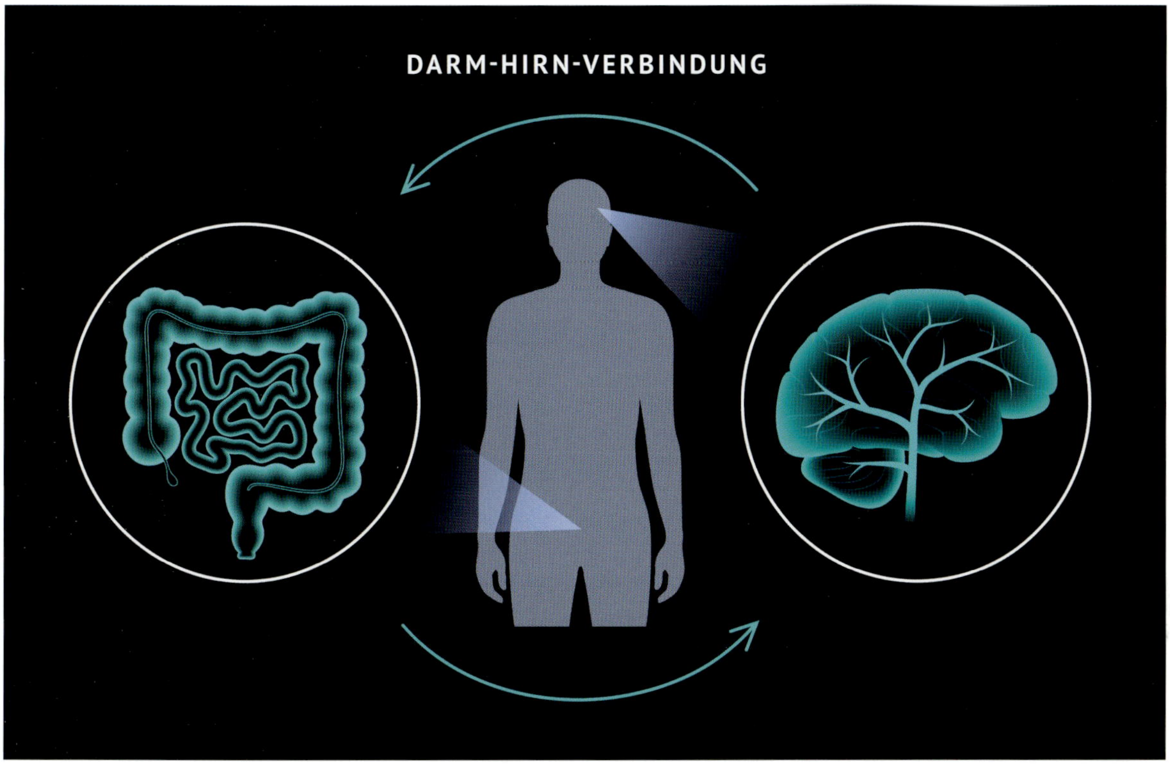

Der Darm gilt unter Experten inzwischen als eine zweite Steuerzentrale – neben dem Gehirn.

den. Zum anderen ermöglicht diese Schranke dem Nervengewebe, eigene Milieubedingungen aufrechtzuerhalten. Und sie schützt das Gehirn vor im Blut zirkulierenden Krankheitserregern, Umweltgiften und vor Botenstoffen aus dem Körper selbst.

Überwindung der Blut-Hirn-Schranke

Vor Kurzem konnten Forschende allerdings zeigen, dass die zelluläre Mauer, die das Gehirn vor Infektionen und Entzündungen normalerweise gut schützt, durchaus bröckeln und dann und wann das Durchtreten von Krankheitserregern nicht länger verhindern kann. Der Immunologe Sven Pettersson und der Neurowissenschaftler Rochelly Diaz Heijtz vom Karolinska-Institut in Stockholm wiesen unlängst nach, dass Stoffwechselprodukte von Mikroorganismen aus dem Darm die Funktionsfähigkeit der Blut-Hirn-Schranke beeinflussen können. Sie haben erste Stoffwechselprodukte von Darmbewohnern im Blick, die durch Überproduktion, Ausfall oder Fehlbildung womöglich neurodegenerative Erkrankungen initialisieren.

Die genauen Mechanismen, über die der Darm beispielsweise mit dem Gehirn als anderer Steuerzentrale oder auch mit der Blut-Hirn-Schranke wechselwirkt, sind erst in Ansätzen bekannt. Noch weniger weiß man über Details in den Abläufen und Prozessen diverser Erkrankungen, die zwar nicht als Darmerkrankung klassifiziert sind, bei denen jedoch Wechselwirkungen mit dem Mikrobiom und dem Darmklima vermutet werden. Und so untersuchen derzeit in teils riesigen Konsortien Forschende weltweit Botenstoffe, Immunproteine, Hormone oder auch Abbauprodukte aus dem Stoffwechsel der Mikroben. Dabei interessieren wechselseitige Beziehungen der Mikroben untereinander ebenso wie deren individuelle Rolle bei diversen neuronalen Störungen: etwa der Multiplen Sklerose und der Parkinsonkrankheit, bei Formen von Demenz, aber auch bei Krebs, Depressionen, Schizophrenie, Rheuma, Asthma und Allergien oder bei Übergewicht.

Geforscht wird dabei oft entlang Abertausender Moleküle und Stoffwechselprodukte, die die Mikroben im Darm produzieren. Daraus lassen sich zwar keine generellen Empfehlungen für ein gesundes Mikrobiom ableiten, jedoch Aussagen machen dazu, was typisch ist für ein krankes. Ein Forscherteam um Filip Scheperjahns von der Universität Helsinki stellte diesbezüglich experimentell fest: „Bei den Erkrankten manch neurodegenerativer Störung kann die absolute Zahl der Darmbakterien um bis zu 80 Prozent unter dem Wert gesunder Vergleichspersonen liegen." Einige wenige Mikroorganismenarten treten bei Erkrankten Personen allerdings gehäuft auf, so enthält etwa das Mikrobiom von Parkinson-Patienten oft Bakterien der Akkermansia-Familie.

Anpassung des Mikrobioms

Forschende um Samuel Smits von der Stanford University in den USA machten bei der Analyse des Mikrobioms der in Tansania lebenden Volksgruppe der Hadza eine spannende Beobachtung: Bei diesem traditionellen Volk von Jägern und Sammlern verändert sich die Zusammensetzung der Mikrobengemeinschaft im Mikrobiom sogar im Jahresverlauf. Die größte Vielfalt an Mikroorganismen in deren Verdauungssystem findet sich demnach in der Trockenzeit.

Während der Trockenzeit ist der Speiseplan der Hadza abwechslungsreicher als zur Regenzeit. Das verändert auch das Mikrobiom.

Dann ist der Speiseplan abwechslungsreicher und enthält mehr Fleisch als in der Regenzeit. Vor dem Hintergrund weiterer Forschung zum Thema zieht Smits ein vorsichtiges Fazit: „Offenbar reagiert das Mikrobiom auf saisonale Unterschiede wesentlich stärker, als man das bis dato kannte und vermutete!" Stets sind jene Bakterienarten äußerst aktiv, die mit der jeweiligen Kost am meisten anfangen können – „wobei das Überraschende in diesem Fall Ausmaß und Geschwindigkeit der Anpassung sind." Ändert sich die Ernährung, werden einige Arten so selten, dass sie im Kot nicht mehr nachweisbar sind. Erst in der nächsten Saison tauchen sie wieder auf.

In „westlichen" Gesellschaften scheinen diese flexiblen Organismen auf dem Rückzug, schreiben die Forschenden bereits als Ergebnis eines Folgeprojekts, bei dem sie die Daten der Volksgruppe der Hadza aus Tansania verglichen mit denjenigen von Menschen aus 16 anderen Ländern, die andere und voneinander gut unterscheidbare Lebensstile pflegen. Verliert der Mensch in den modernen Gesellschaften also einen Teil jener Mitbewohner, mit denen ihn Hunderttausende Jahre gemeinsamer Evolutionsgeschichte verbinden? Finden sich hier womöglich Indizien dafür, dass Zivilisationskrankheiten wie chronisch-entzündliche Darmerkrankungen, Fettleibigkeit, Asthma, Diabetes und Allergien auf dem Vormarsch sind? Etliche Mikrobiologen halten das für möglich. Denn es gibt inzwischen viele Indizien dafür, dass eine artenärmere Darmgemeinschaft in der frühen Kindheit ein höheres Risiko für solche Krankheiten darstellt. Und da es weltweit immer mehr Menschen in die Städte und zu einem modernen Lebensstil zieht, könnte sich der Trend zu den sogenannten Zivilisationskrankheiten verstärken. Deshalb wollen Experten dem Schwund des mikrobiologischen Erbes der Menschheit nicht tatenlos zusehen.

Arche Noah für Darmbewohner

Dutzende Forschende um Maria Gloria Dominguez-Bello von der Rutgers University in New Jersey, USA, haben sich zu der internationalen Initiative „*The Microbiota Vault*" (der Mikrobiota-Tresor) zusammengeschlossen. Sie starten just damit, eine Sammlung aufzubauen, in der ein möglichst großer Teil der globalen Vielfalt an Mikroorganismen bewahrt werden soll. Vorbild ist der Svalbard Global Seed Vault auf der Insel Spitzbergen. Dort wird seit 2008 Saatgut eingelagert mit dem Ziel, die Vielfalt der Nutzpflanzen auf der Erde zu erhalten und eine internationale Einrichtung zu schaffen, in der mikrobiologische Proben aus aller Welt an einem sicheren und politisch neutralen Ort dauerhaft eingefroren werden können. Auf ähnliche Weise soll ein „Bakterien-Rettungsboot" dazu beitragen, die Vielfalt der Mitbewohner im menschlichen Körper zu erhalten und zu erforschen. „Wir müssen besser verstehen, welche Stämme in menschlichen Populationen verschwinden und welche funktionalen und pathologischen Folgen das hat", betonten einige der führenden Köpfe der Initiative bei deren Vorstellung im Fachjournal „Science". Kandidaten jedenfalls, die künftig einmal das Rettungsboot betreten oder an der Arche Noah für Darmbewohner an Bord gehen könnten, gebe es bereits genug.

Ab 2024 soll der Tresor für Mikrobiome gebaut werden. Aktuell lagern die gesammelten Proben noch in herkömmlichen Labortiefkühlern.

Ralf Stork

Porträt: Honiganzeiger und Mensch

In Afrika weist ein Vogel Menschen den Weg zu wilden Bienenstöcken. Der Mensch bekommt den Honig, der Vogel das Wachs mit den Bienenlarven. Das war lange Zeit ein perfekter Deal.

Bei echten Kooperationen im Tierreich spielt der Mensch so gut wie keine Rolle, da er die Beziehungen zu seiner Umwelt normalerweise einseitig zu seinem Vorteil anlegt. Doch es gibt eine bemerkenswerte Ausnahme: Der Große Honiganzeiger (*Indicator indicator*), der in Afrika große Savannengebiete südlich der Sahara bewohnt, kooperiert bei der Nahrungssuche aktiv mit den dort lebenden Menschen. Honiganzeiger fressen Früchte, kleinere Insekten und besonders gern Bienenlarven und Wachsmotten.

Auf der Suche nach dem flüssigen Gold: Honiganzeiger führen Menschen zu Bienennestern.

Sie können sogar Wachs verdauen, Honig interessiert sie dagegen nicht.

Weil die Vögel meist nicht allein in der Lage sind, ein Bienennest aufzubrechen, müssen sie sich Komplizen suchen. Kennt ein Honiganzeiger den Standort eines Bienennestes, versucht er daher, Menschen auf sich aufmerksam zu machen und sie in die Richtung des Nestes zu führen. Er hat dafür einen bestimmten Laut, und wenn die Menschen ihn hören, folgen sie ihm.

Die Honigsammler der Volksgruppe der Borana, die im Süden Äthiopiens und in Kenia leben, haben ihrerseits auch einen speziellen Pfiff entwickelt, auf den die Vögel reagieren. Wenn sie den Standort eines Nestes kennen, kommen sie angeflogen und weisen den Menschen den Weg. Häufig fächern sie dabei die weißen Außenfedern des Schwanzes auf, sodass die Menschen ihnen leichter folgen können. Die Zeit, die zwischen dem Vorausfliegen des Vogels und seiner Rückkehr vergeht, gibt den Menschen Aufschluss über die Entfernung zum Bienennest. Je näher das Nest, desto kürzer die Abstände, in denen der Honiganzeiger wieder auftaucht.

Früher war die Zusammenarbeit zwischen Mensch und Vogel in weiten Teilen Afrikas verbreitet. Doch durch veränderte Lebensumstände – Honig oder andere Süßungsmittel wie Zucker können mittlerweile bequem im Lebensmittelladen gekauft werden – ist das Interesse der Menschen an der Kooperation in jüngster Zeit deutlich zurückgegangen. Doch die Honiganzeiger kommen auch ohne den Menschen zurecht. Sie sind nicht ausschließlich auf Bienenstöcke als Nahrung angewiesen. Zudem gibt es Hinweise darauf, dass die Vögel auch Honigdachse zu den Nestern wilder Bienen führen. Diese könnten die treueren Komplizen für sie sein.

Porträt: Die Spinne und der Frosch

Ralf Stork

Sie sind ein ungleiches Paar: die große Vogelspinne und der kleine Engmaulfrosch. Doch gemeinsam sind sie umschlagbar.

In unseren Breiten kommt es durchaus vor, dass sich ein Frosch am Teich mit seiner langen klebrigen Zunge eine Spinne schnappt und sie verspeist. In tropischen Gefilden ist die Rollenverteilung eher umgekehrt. Auf der Speisekarte der dort lebenden Vogelspinnen stehen neben Insekten und kleinen Reptilien auch Frösche.

Somit ist es äußert außergewöhnlich, dass die Kolumbianische Riesenvogelspinne (*Xenesthis immanis*) den kleinen Engmaulfrosch (*Chiasmocleis ventrimaculata*) in eine Wohngemeinschaft einlädt. Der Frosch ist nur etwa zwei Zentimeter groß, die Vogelspinne bringt es auf Beinspannweiten bis zu 25 Zentimetern. So ein kleiner Frosch passt da für die Spinne eigentlich ziemlich gut ins Beuteschema. Doch Wissenschaftler haben beobachtet, wie Vogelspinnen den Frosch greifen, zum Maul führen, ihn dann aber unversehrt wieder absetzen. Den Grund dafür haben sie in einer chemischen Substanz auf der Haut der Frösche gefunden, die sie für potenzielle Fressfeinde unattraktiv macht. Die Spinne erkennt den Frosch vermutlich an dieser Substanz, verschont ihn – und lässt ihn sogar bei sich einziehen.

Für den Frosch ist das Zusammenleben auf jeden Fall vorteilhaft: Er bekommt einen superstarken Bodyguard, der ihn durch seine bloße Präsenz vor Feinden schützt. Außerdem kann er sich von den Insekten ernähren, die von den Essensresten der Spinne angelockt werden. Doch auch die Vogelspinne profitiert von ihrem Mitbewohner. Gerade weil sie so groß und stark ist, kann sie gegen kleine Räuber nichts ausrichten. Ameisen zum Beispiel haben es regelmäßig auf die Eier der Spinne abgesehen, die sie in ihrem Bau legt. Der Engmaulfrosch hat genau die passende Größe, um solche Ameisen und andere kleine Parasiten zu vertilgen und so den Nachwuchs der Spinne zu schützen. Auch weitere Vorteile für die Spinne sind wahrscheinlich: Der kleine Frosch ist ein gefundenes Fressen für eine Vielzahl größerer Insekten, die wiederum ein gefundenes Fressen für die Vogelspinne sind. Der Frosch kann also auch ein Köder sein, der der Tarantel potenzielle Nahrung zuführt.

Was für den Frosch gefährlich aussieht, ist tatsächlich eine Partnerschaft auf Augenhöhe – im übertragenen Sinne.

Das ungleiche Paar Tarantel und Engmaulfrosch findet nicht nur in Südamerika zusammen. In Indien und auf Sri Lanka sind ähnliche Wohngemeinschaften bekannt.

Eusozialität – Staat der Tiere

Im Gänsemarsch bringen die Arbeiterinnen der Blattschneiderameise ihre grüne Beute ins Nest. Mit Püree aus den Blättern füttern sie einen Pilz, der ihrer Brut als Nahrung dient.

Die erfolgreichsten Tiere der Welt

Joseph Scheppach

Blinde Termiten bauen bis zu sieben Meter hohe Hügel mit mehreren Etagen. Ameisen finden immer den kürzesten Weg zu ihren Futterquellen. Hungert eine Biene, dann weiß es der ganze Stock. Ihr Geheimnis ist die Zusammenarbeit. Doch wie funktioniert die Kooperation bei der erfolgreichsten Tiergruppe der Welt?

Termitenkolonien, Ameisenstaaten und Bienenschwärme sind zu erstaunlichen Kollektivleistungen imstande. Was ist ihr Geheimnis? Wie funktioniert die Zusammenarbeit der Termiten bei monumentalen Wohnburgen mit raffinierter Klimatechnik, die menschliche Ingenieurkunst bescheiden erscheinen lassen? Wie wird eine einfache Ameise zum Navigations-Weltmeister? Und wie auch gelingt Bienen die schier übersinnliche Wahrnehmung des Ernährungszustands einzelner Mitglieder?

Nie zuvor haben Biologen, Physiker und Chemiker so fieberhaft versucht, das Erfolgsrezept von Insekten zu entschlüsseln – um es möglicherweise auf menschliche Organisationen zu übertragen (siehe: Von Insekten lernen, S. 53). Denn erst mit neuen Beobachtungstechnologien und leistungsstarker Software beginnen die Wissenschaftler, das Staatsmanagement von Ameisen, Termiten und Bienen zu verstehen. Zusammen entwickeln sie Fähigkeiten, die ein einzelnes Tier niemals ausbilden könnte. Dies beeindruckte schon Aristoteles, der als Erster die These wagte: Das Ganze kann mehr sein als die Summe seiner Teile.

Immer wieder stießen Wissenschaftler auf Verbände vieler komplexer Einzelorganismen, die sich zusammen wie ein einziger Organismus verhalten. Für sie prägte der Ameisenforscher William Morton Wheeler (1865–1937) den Begriff „Superorganismus". „Auf einen Beobachter wirkt das Verhalten des Superorganismus intelligent, da es als angemessene Lösung von Aufgaben und Problemen erscheint", schreibt der renommierte Bienenforscher Jürgen Tautz in seinem Buch *Phänomen Honigbiene*. Der Biologe erklärt weiter: „Ein derartiges intelligentes Verhalten des Superorganismus wird als kollektive Intelligenz bezeichnet."

Sozialstaat der Insekten

Nirgendwo zeigt sich diese sogenannte Schwarmintelligenz eindrucksvoller als beim wohl phänomenalsten Erfolgsmodell der Evolution: den eusozialen Insekten. Eusozialität – vom griechischen *eu* für „gut" und dem lateinischen *socialis*, also „kameradschaftlich" abgeleitet – ist das Motto dieser Tierchen. Sie stellen sich ganz in den Dienst des Staates, leben mit mehreren Generationen zusammen und kümmern sich kooperativ um die Brutpflege und die Nahrungsbeschaffung.

Diese Kriterien erfüllen zwar nur rund zwei Prozent der Insektenarten. Doch ihre Dominanz demonstrieren allein schon Ameisen. Deren Biomasse stellt etwa die Hälfte der Biomasse aller Insekten insgesamt dar. Mit anderen Worten: Alle Ameisen der Erde – zehntausend Billionen Exemplare – wiegen in etwa so viel wie die gesamte Menschheit, nämlich 700 Millionen Tonnen.

Diese emsigen Krabbler zeichnet ein Verhalten aus, das schon König Salomon im 10. Jahrhundert v. Chr. zu schätzen wusste. „Geh hin zur Ameise, du Fauler, sieh ihre Wege an und werde weise! Wenn sie auch keinen Fürsten noch Hauptmann noch Herrn hat, so bereitet sie doch ihr Brot im Sommer und sammelt ihre Speise in der Ernte. …", heißt es in den ihm zugeschriebenen biblischen Sprüchen 6:6–8.

Ameisen benötigen keinen Anführer, der sagt, wo es langgeht. Wie finden sie trotzdem selbst in völlig unübersichtlichem Gelände zielsicher den kürzesten Weg zu einem Futterplatz, sogar wenn die bisherige Ameisenstraße blockiert wird?

Twitternde Ameisen

Die Antwort: Auch Ameisen twittern! Dass sie tatsächlich Tweets absetzen, hat im Prinzip bereits in den späten 50er-Jahren Edward O. Wilson erkannt. Der wohl berühmteste moderne Myrmekologe, also Ameisenforscher, wies nach, dass diese Insekten durch die Ausschüttung von Duftstoffen miteinander kommunizieren. „Die Welt der Ameisen", schrieb der amerikanische Forscher, „ist ein Tumult, eine lautstarke Welt der Pheromone, die hin- und hergereicht werden." Inzwischen haben sich die chemischen Stoffe als Schlüssel zum Verständnis der Schwarmintelligenz herausgestellt, die schier Unmögliches möglich macht – zum Beispiel immer den kürzesten Weg zum Futterplatz zu finden. Wie gelingt ihnen das?

Mit Highspeed-Videokameras, die bis zu 250.000 Bilder pro Sekunde schießen, haben Wissenschaftler das Geheimnis aufgedeckt. Wenn Kundschafter die Umgebung nach Nahrung absuchen, markieren sie ihren Weg mit Pheromonen, die andere Ameisen riechen können. Derjenige Späher, der den kürzesten Weg zur Mahlzeit gefunden hat, kehrt als Erster ins Nest zurück – und hat die Strecke ein weiteres Mal markiert. Damit verstärkt sich die Pheromonspur und animiert so andere Ameisen, diesem Pfad der doppelten Duftspur zu folgen. Je kürzer die Strecke, desto intensiver die Markierung, da die Ameisen schneller wieder zurück sind.

Es kommt also zu einer positiven Rückkoppelung, die das Kollektiv zu einer bestimmten Entscheidung „zwingt". Und wenn sich mehrere Wege zum Futtertopf anbieten? Der Neurobiologe Christoph Kleineidam hat in einem Experiment Blattschneiderameisen vor diese Wahl gestellt. „Sobald die ersten Tiere den kürzesten Weg gefunden haben, sind diese Blattträger viel schneller auf dieser Strecke, erklärt der Forscher vom Centre for the Advanced Study of Collective Behaviour (CASCB) der Universität Konstanz. „In dieser kurzen Zeit verdunstet weniger vom Pheromon. Dieser Mechanismus führt dazu, dass sich der Verkehr auf die effektivste Strecke verlagert."

Ameisen als Vorbild fürs Internet

Diese Komponenten haben sich Programmierer zunutze gemacht, um den Internetverkehr zu regulieren. „Dort, wo die Datenpakete schnell laufen, bleibt das Signal stärker erhalten. Letztendlich ist das nichts anderes, als wir im Experiment sehen", so Kleineidam in einem Terra-X-Beitrag. „Das Datenpaket hier ist eine Ameise, die ein Blatt trägt."

Eine Kolonie findet also mithilfe geistig anspruchsloser Verhaltensweisen wie der Verfolgung von Duftspuren eine Lösung für ein durchaus anspruchsvolles Optimierungsproblem. Dass die Ameisen die Duftspuren richtig deuten können, dafür ist bei Ameisen ein spezialisiertes Kommunikationsverarbeitungszentrum verantwortlich, das sich bei anderen sozialen Insekten nicht findet. Im Ameisengehirn reagieren 500 kleine Nervenklümpchen auf feinste Nuancen chemischer Signale. Zum Vergleich: Eine Fruchtfliege muss mit zehnmal weniger auskommen.

„Mit diesem komplexen Kommunikationszentrum können Ameisen Pheromone anderer Ameisen interpretieren", erklärt Daniel Kronauer. „Diese Duftstoffe aktivieren dann einen bestimmten Teil des Gehirns und verändern so das Verhalten des gesamten Nestes", erklärt der Forscher von der Rockefeller University.

„Der ganze Ameisenstaat ist das Gehirn", ergänzt der Ameisenforscher Bert Hölldobler. „Auch bei uns ist ja das einzelne Neuron dumm. Nur weil Milliarden davon zusammengeschaltet sind, kommen all unsere grandiosen Leistungen heraus", sagt er in einem Spiegel-Interview. „So ähnlich ist es mit den Ameisen: Ihr Verhaltensrepertoire ist beschränkt. Wenn man aber ein paar Millionen von ihnen zu einem arbeitsteiligen System zusammenschaltet, werden emergente Leistungen möglich, die das Vermögen eines einzelnen Tieres weit übersteigen."

Ganz ohne Bauplan erschaffen Termiten riesige Hügel – perfekt klimatisiert dank kleiner Luftturbulenzen, die durch die Tunnelbauweise entstehen.

Termiten-Architektur ohne Bauplan

Die Entschlüsselung dieser Regeln ist jedoch eine große Herausforderung, da sich die Emergenz von Schwärmen auf unvorhersehbare Weise aus den Aktionen von Tausenden oder Millionen von Individuen ergibt. Dies gilt auch für Kolonien jener Insekten, die gern mit Ameisen verwechselt werden; obwohl sie eng mit den Schaben verwandt sind: Termiten. Scheinbar kopflos krabbeln sie über den Boden – um am Ende spektakuläre Luxusbauten entstehen zu lassen. Wären beispielsweise die nur wenige Millimeter großen afrikanischen Großtermiten so groß wie Menschen, dann wären ihre klimatisierten Siedlungen so hoch wie das Matterhorn und böten Platz für die Bewohner von ganz Hamburg. Wie gelingen einem zwei Millionen Köpfe starken Volk derart raffinierte Konstruktionen – ohne Bauplan?

Die Methode beruht auf einer einfachen Regel: Nehme Sandkörner auf und lasse sie wieder fallen. Dabei hinterlassen Termiten jedoch einen Duftstoff auf dem Sandkorn. Diese indirekte Kommunikation durch das Hinterlassen von Markern nennt man Stigmergie; ein Kunstwort, das sich aus den griechischen Worten *stigma* (Zeichen) und *ergon* (Arbeit) zusammensetzt. So entstehen bei Ameisen kurzfristige und weniger komplexe Erscheinungen wie Ameisenstraßen und bei Termiten Bauwerke, deren innerer Aufbau hoch komplex ist und die mehrere Meter Höhe erreichen können.

Stigmergie löst eine charakteristische Kaskade von Reizen (= Zeichen) und Verhalten (= Arbeit) aus. „Es kommt zu einem verstärkten Wachstum von Sandhaufen, wodurch frei herumliegende Sandkörner verbraucht werden", erklärt Philippe Bastiaens, Direktor am Max-Planck-Institut für molekulare Physiologie in Dortmund. „Dieser Prozess führt zu einem regelmäßigen, nahezu perfekt angeordneten Muster von Sandsäulen, die das Fundament des Termitenbaus bilden", so Bastiaens. Er hat zum ersten Mal zeigen können, dass die gleichen selbstorganisierenden Prozesse, die den Bau eines Termitenhügels steuern, auch die Entwicklung von Zellformen bestimmen. Dort fügen sich dank Schwarmintelligenz nanometergroße Makromoleküle zu mikrometergroßen Mustern.

Nicht minder erstaunlich als Termiten- und Ameisenkolonien sind jene Mechanismen, die Abertausende von Bienen zu einem „Superorganismus" zusammenbinden. Die Königin ist keine absolute Herrscherin. Im Gegenteil: Bienen entscheiden alle gemeinsam als Schwarm, sie erforschen kollektiv einen Sachverhalt und debattieren lebhaft, um letztlich einen Konsens zu finden.

„Konsensdemokratie" ist überlebenswichtig bei der jährlichen Suche nach einem neuen Nistplatz. „Die Auswahl des richtigen Wohnortes ist für ein Honigbienenvolk eine Frage von Leben und Tod", schreibt Verhaltensbiologe Thomas D. Seeley in seinem Buch über die „Bienendemokratie". „Wenn die Kolonie sich falsch entscheidet und eine zu kleine Nisthöhle bezieht, die keine ausreichenden Honigvorräte für den Winter aufnehmen kann oder zu wenig Schutz vor Wind und hungrigen natürlichen Feinden gewährt, geht sie zugrunde", so der Neuro- und Verhaltensbiologen an der Cornell University.

Kurznachricht nach Honigbienenart: Eine Arbeiterin setzt ihre Duftmarke.

Informativer Bienentanz

Wie weise doch Bienen sind. Nur die ältesten und erfahrensten Mitglieder der Kolonie schwärmen als Kundschafterinnen aus. Kehren sie von der Suche nach geeigneten Höhlen zurück, erstatten sie Bericht. Sie tanzen den berühmten Schwänzeltanz. In dieser rhythmischen Tanzkommunikation zeigen sie den Weg zu einer Nahrungsquelle an, wobei sie die Informationen zu Entfernung und Richtung verschlüsseln. Jeder „Schwänzel" bedeutet dabei 80 Meter. Die Richtung messen sie anhand ihres sogenannten Sonnenkompasses.

Da aber mehrere Kundschafterinnen gleichzeitig reportieren, sehen die Bienen in der Traube mehrere Tänze gleichzeitig. Dennoch sei die Entscheidungsfindung nicht schwierig, erklärt Autor Seeley: Je geeigneter einem Späher der erkundete Ort erscheint, desto euphorischer fällt der Schwänzeltanz aus. Dieser Tänzerin vertrauen ihre Genossinnen zunächst und fliegen zu den am besten bewerteten Orten. Dieser zweite Trupp beurteilt die potenziellen Nistplätze unabhängig – die Bienen machen sich also ihr eigenes Bild. Es ist dieses System von Checks and Balances, das zu einer präzisen und flexiblen Entscheidungsfindung führt. Mit dieser Methode, das hat Seeleys langjährige Erfahrung mit den Bienen gezeigt, findet der Schwarm nahezu ausnahmslos eine gute, neue Unterkunft.

Heute wissen wir, dass die Bienen-Kommunikation weit über den bekannten Bienentanz hinausgeht. Daneben dient auch der soziale Magen als Schwarzes Brett im Stock. „An diesem Ort im Nest werden Informationen rasch ausgetauscht", erklärt Thomas Schmickl vom Artificial Life Lab der Universität Graz. „Er ist eine wichtige Drehscheibe, wie wir mit unseren Computermodellen herausgefunden haben", so der Biologe. Nektar, den die Bienen schlürfen, wird nämlich nicht gegessen, sondern gelangt in ihren zweiten Magen, der auch als „Honigmagen" bezeichnet wird. Für sich selbst verbraucht die Biene nur einen Bruchteil der Beute: Durch ein winziges Ventil wird er vom Honigmagen in den Darm geleitet und dort verdaut. Im Nest würgt die Sammelbiene die Fracht wieder hoch und überlässt sie den Abnehmerbienen, die das Produkt in Wabenzellen verstauen und später zu Honig weiterverarbeiten. So wissen alle Bienen um den Ernährungsstand. Er lässt sich daran erkennen, wie einfach oder schwierig eine Arbeiterin Gesammeltes loswird. Den sozialen Magen gibt es auch bei Ameisen und Wespen. „Ein Beispiel für sogenannte ‚konvergente Evolution' im Tierreich", sagt Schmickl. „Die Natur hat hier offenbar mehrmals das Rad neu erfunden."

Eine Späherin berichtet den anderen Arbeiterinnen per Schwänzeltanz von Nektarquellen.

Christian Jung

Ein Tier aus vielen Tieren

Staatsquallen treiben das Prinzip „Alle für einen" auf die Spitze: Viele Hunderte oder Tausende Polypen und Medusen bilden einen großen Organismus, dabei nimmt jedes Individuum eine andere Funktion ein – und trägt so zur Gemeinschaft bei.

Es beginnt mit einem Irrtum, denn: Zu den Quallen zählt man sie eigentlich nicht. Auch wenn der Name Staatsqualle es vermuten lässt und auch dem äußeren Anschein nach manches für eine Qualle spräche. Doch die Siphonophoren gelten als eigene Ordnung im Reich der Tiere, angesiedelt in ferner Verwandtschaft zu den Korallen. Sie zeigen uns, wie schwierig es ist, Lebewesen zu bestimmen. Und dass die Grenze zwischen Organ und Organismus manchmal nicht eindeutig zu ziehen ist.

Denn Staatsquallen wie beispielsweise die Portugiesische Galeere, die wohl bekannteste unter den Vertreterinnen dieser Ordnung, entwickeln sich aus einer Vielzahl eigenständiger Organismen. Sie alle sind selbst komplette Lebewesen und könnten eigentlich sämtliche Funktionen eines solchen übernehmen. Doch stattdessen bilden die Tiere einen Superorganismus, in dem jedes Individuum eine andere Aufgabe wahrnimmt – derart spezialisiert, dass ein jedes nach Einschätzung vieler Experten quasi als ein Organ des Staatsquallen-Organismus betrachtet werden kann. Eigenständig leben können sie nicht mehr. Stattdessen beschaffen sie entweder Nahrung oder nehmen sie auf, sind für die Fortpflanzung zuständig, für die Feindabwehr oder für den Auftrieb.

Die Spezialisierung im Dienst des Superorganismus ist derart extrem, dass die darin aufgegangenen Einzelorganismen funktional keinerlei Individualität mehr besitzen. Aber sie tragen rudimentär eine hochspezifische Ausformung ihres Selbst als winzigen Teil des Ganzen immer noch in sich. So sind sie jederzeit als das identifizierbar, was sie einmal waren – ein einst vollständiges und nun nicht mehr allein überlebensfähiges kleines Meerestier. Aber: Die Spezialisierung bedeutet für sie besseren Schutz. Und mehr Chancen – sei es beim Auffinden von Nahrungsquellen oder beim Erreichen neuer Gebiete.

Mit ihrem blauvioletten Segel treibt die Portugiesische Galeere über die Meere.

Wie grundlegend diese Prozesse das jeweilige Individuum auf dem Weg zum Superorganismus Staatsqualle verändern, lässt sich allein schon an der Vielzahl unterschiedlicher Fangfäden erahnen, in die ausdifferenziert wird. An diesen Tentakeln, denen man sich in keinem Fall nähern sollte, fallen einem sofort die knotenähnlichen Verdickungen ins Auge: riesige Lager von Nesselkapseln, bis zu 1000 Nesselzellen pro Zentimeter. Sie enthalten ein Giftgemisch aus verschiedenen Proteinen, das schon bei leichtem Hautkontakt wirkt. Kleinere Fische, Krebse und andere Beutetiere, die an den bis zu 50 Meter langen Fangfäden hängen bleiben, werden zunächst gelähmt, dann von spezialisierten Nesselpolypen festgehalten und an die nächstgelegenen Fresspolypen weitergereicht. Dort angelangt, hat das Gift sie bereits getötet. Zwischenzeitlich, die Galeere will schließlich keine Zeit verlieren und weitere Gefangene machen, wird das Opfer aber auch schon einmal anverdaut.

Für das nötige Vorankommen auf den Weltmeeren und den Auftrieb sorgt eine Art Segel, mit dessen Hilfe Staatsquallen entlang der Wasseroberfläche treiben oder auch ihren blitzartigen Rückzug einleiten können. Es besteht aus einer pastellfarben schimmernden, bis zu 30 Zentimeter hohen, sackförmigen Gasblase, die mit einem Gemisch aus Umgebungsluft und selbst hergestelltem Kohlenstoffmonoxid gefüllt ist. Bei Gefahr kann das Tier die Blase schlagartig leeren und innerhalb von Sekunden abtauchen. Das kammähnliche Segel wird nur bei Wind aufgerichtet, sonst würde die Staatsqualle austrocknen. Ist aber ausreichend Drift, schaukelt sie immer wieder nach rechts und nach links, um sich feucht zu halten. Kommt Wind auf, dann lässt sich die Galeere auch mal ein wenig schneller über die Weltmeere schieben, von denen sie inzwischen viele erobert hat.

Durch Steuerung ihrer Fangarme vermag die Portugiesische Galeere zudem so geschickt zu manövrieren, dass Großverbände von mehreren Tausend Exemplaren zusammenbleiben. Was das heißen kann, bekamen vor einigen Jahren Fischer im Nordatlantik zu spüren. Als sie eines Morgens auf ihre im offenen Meer hängenden Netzkäfige schauten, erfasste ihr vor Entsetzen geweiteter Blick mehr als 100.000 tote Zuchtlachse. Die Fische waren einem vorbeiziehenden Quallenschwarm zum Opfer gefallen.

Achtung gefährlich!

Bei Menschen verursacht das Nesselgift der Portugiesischen Galeere teils sehr starke Schmerzen entlang der Nervenbahnen; vor allem, wenn es über die Haut auch die Lymphknoten erreicht. Ein gesunder Erwachsener übersteht den Kontakt, der einer schweren Verbrennung ähnelt, in der Regel ohne Lebensgefahr. Bei geschwächten Menschen oder Allergikern besteht die Gefahr eines allergischen Schocks, der in sehr seltenen Fällen tödlich enden kann. Die medizinischen Ratschläge für eine unmittelbare Reaktion oder Behandlung nach Kontakt mit der Staatsqualle sind unterschiedlich. Einzig wird unisono empfohlen, die Überreste der Tentakel mit Salzwasser vorsichtig zu entfernen. Diese sollten dabei nicht berührt werden, da abgerissene Tentakel noch Nesselzellen enthalten, die mehrere Tage aktiv bleiben. Übrigens: Heißes Wasser über 45 Grad Celsius lässt die Eiweiße des Gifts denaturieren.

Christian Jung

Vom Individuum zum Kollektiv

Manchmal sind Millionen Individuen als Schwarm unterwegs. Lange schien uns der Gedanke, unterscheidungslos in einer großen Gruppe Gleichartiger aufzugehen, unattraktiv. Heute heißt das Konzept „Schwarmintelligenz" – und bringt auch Menschen Vorteile.

Ein Sardinenschwarm vor der Küste Südafrikas. Die Schwärme können bis zu 15 Kilometer lang und einen Kilometer breit werden.

Ihre Kulissen sind der Himmel, das Wasser, die Erde. Ihre Auftritte bringen Augen zum Leuchten, lassen Münder offenstehen: die Schwärme der Fische und Vögel, aber auch der Bienen, Ameisen und Termiten. Sie verbindet die Fähigkeit, aus teils unzähligen Individuen ein großes Ganzes zu bilden. Solche Kollektive scheinen zudem in Situationen, in denen oft sogar schnell – wie bei drohender Gefahr durch einen Räuber – eine Entscheidung zu treffen ist, dem Einzeltier überlegen. „Als ‚Weisheit der Vielen' bezeichnet man das", sagt Iain Couzin, der am Max-Planck-Institut für Verhaltensbiologie in Konstanz und der dortigen Universität zum Kollektivverhalten von Tieren forscht.

Fast alle Schwärme operieren ohne Leittier – trotz teils enormer Individuenzahlen. Wie ist das möglich? Oder kann es vielleicht sogar nur so funktionieren? Schließlich muss das Schwarmkollektiv eine Menge Entscheidungen treffen. Und meist sind sie existenziell, etwa wenn es darum geht, Futterquellen zu finden oder Gefahrensituationen zu überleben. „Solch ein Schwarm, gerade ein Fischschwarm aus Abertausenden Tieren, wirkt bei schnell aufeinanderfolgenden Manövern fast wie eine lebendige Flüssigkeit mit eigenem Willen", sagt Iain Couzin.

So wie in den kalten Gewässern vor der Küste Südafrikas, wo sich zwischen Mai und Juni inzwischen fast jedes Jahr ein spektakuläres Naturphänomen zeigt: Enorme Mengen Sardinen wandern hier gut tausend Kilometer nordwärts. So dicht und riesig ist der Schwarm dieser Fische, dass man ihn problemlos aus dem All sehen kann: Abermillionen Leiber formieren sich wohl vor allem zum Schutz vor Angreifern zu einem scheinbar undurchdringlichen, unangreifbaren Körper. Ab und an scheren Sardinen gemeinsam aus, bilden kleinere Schwärme und vereinigen sich später wieder in perfektem Einklang mit der großen Gruppe. Die perfekt orchestriert erscheinenden Synchronisationsprozesse sind noch weitgehend unverstanden.

Die Regeln des Schwarms

Es stecken allerdings ein paar Regeln dahinter, die jedes Individuum des Schwarms strickt befolgen muss, damit eine geordnete und vorteilhafte Massenbewegung von Einzeltieren möglich ist. Diese Gesetzmäßigkeiten erkannte Anfang der 1980er-Jahre der US-Amerikaner Craig Reynolds. Ihn interessierte, wie es Vogelschwärmen gelingt, ihre Strecken schnell und kollisionsfrei zurückzulegen. Er identifizierte drei universelle Regeln. Regel Nummer eins: Bewege dich in Richtung des Mittelpunkts derer, die du siehst. Dies bewirkt, dass die Tiere im Schwarm immer dicht beieinanderbleiben – so wie man es von den großen Fisch- und Vogelschwärmen kennt. Regel Nummer zwei: Kommt dir jemand zu nahe, vergrößere die Distanz – dies hilft, Kollisionen im Schwarm zu vermeiden. Regel Nummer drei: Bewege dich in die gleiche Richtung wie deine Nachbarn. So wird der Schwarm zur Einheit und funktioniert als Kollektiv.

Vorteil Kollektiv

Das hat Vorteile: In der Tat liegt die herausragende Bedeutung eines Schwarms darin, dass er seinen Individuen Schutz vor Räubern bietet. Die große Menge sich gleichförmig bewegender Tiere, von denen eins aussieht wie das andere, irritiert den Angreifer. Der Schwarm verhindert durch seine spezifischen Bewegungen als geschlossene Einheit häufig den Erfolg des überforderten Jägers. Obwohl für einen Angreifer gut zu erkennen, bietet die große Menge an Fischen oder Vögeln dem einzelnen Tier mehr Sicherheit. Dies funktioniert vielfach nahezu perfekt in der Luft, aber auch im Wasser. Darüber hinaus ist ein Schwarm bei der Futtersuche hilfreich; er vermag lokale Unterschiede und sanfte Veränderungen etwa beim Salzgehalt, den Lichtbedingungen oder bei der Wasser- oder Umgebungstemperatur im Kollektiv – und eben nur im Kollektiv – zu erfassen und zu nutzen.

Auch bewegt sich ein Schwarm besonders energiesparend fort: „Der hinten schwimmende Fisch muss den Schlag seiner Schwanzflosse auf die Schlagfrequenz des unmittelbar vorausschwimmenden Fisches ausrichten", erklärt Couzin. Dabei gebe es zwangsläufig je nach Abstand zum Vordermann einen optimalen räumlich-dreidimensionalen Versatz. Couzin hat einen Schwarm experimentell nachgebildet: „Schwimmen die von uns eingesetzten Roboterfische zum Beispiel genau nebeneinander, dann sollten ihre Schwanzflossen idealerweise exakt synchron schlagen". Rund fünf Prozent seiner für das Schwimmen benötigten Energie könne ein Fisch auf diese Weise sparen, fand Couzin in mehreren Versuchsreihen heraus: „Das ist enorm, wenn man bedenkt, dass der Fisch immerhin den größten Teil seiner Energie für die Fortbewegung benötigt."

Mithilfe von Roboterfischen können Forschende messen, wie Fische durch das Schwimmen im Schwarm Energie sparen.

Schwarmintelligenz

Doch könnte der Schwarm seine Individuen auch in die Irre führen? Was, wenn das Kollektiv falsch liegt? Diese Frage ist noch unbeantwortet. Allerdings ist klar: Ein Fisch- oder Vogelschwarm irrt nur selten, viel seltener jedenfalls als das Individuum allein. Das haben etliche Experimente in den vergangenen Jahren unter anderem am Leibniz-Institut für Gewässerökologie und Binnenfischerei Berlin (IGB) immer wieder bestätigt. Den Forschenden zufolge werde deutlich, dass die Summe der Einzelteile – sprich der Schwarm – mehr zu leisten vermag als das einzelne Tier. So haben Experimente gezeigt: „Ein allein umherschwimmender Fisch entdeckt den Raubfisch nur mit 55- bis 60-prozentiger Wahrscheinlichkeit rechtzeitig; in einem Schwarm von 16 Fischen gelingt dies mit einer Wahrscheinlichkeit von 85 bis 90 Prozent", erläutert Jens Krause, einer der Pioniere der Schwarmforschung hierzulande.

Auch die Forscherteams um Iain Couzin sind an dem Thema dran. Spätestens hier zeige sich, was gemeinhin als Schwarmintelligenz" bezeichnet werde und das Besondere dieser „Gemeinschaft der Vielen" sei: Der Schwarm kommt als Verbund seiner Einzeltiere zu Einschätzungen und Entscheidungen, die zu einem weit überwiegenden Teil gut und richtig sind und denen des Einzeltiers überlegen. Zu diesem Zweck agieren die Individuen im Verbund ihrer selbst wie ein einziger Organismus: effizient, zielgerichtet und dynamisch. Schwarmintelligenz ermögliche nach Ansicht etlicher Forschender überhaupt erst, dass große, koordiniert handelnde Gruppen entstünden. „In der Tat wirkt es manchmal so, als sei eine Art Superorganismus mit eigener Agenda am Werk", sagt Couzin, der im Zuge seiner Max-Planck-Professur an der Universität Konstanz auch den Lehrstuhl für Biodiversität und Kollektivverhalten innehat und zudem Sprecher des Exzellenzclusters „Centre fo the Advanced Study of Collective Behaviour" ist. Er verweist mit diesem Statement noch einmal auf all die noch nicht aufgeklärten Details des „Faszinosums Schwarm".

Unter bestimmten Umständen verstoßen Fisch- oder Vogelschwärme gegen Regeln. Menschen auch. Wenn für Vogel- und Fischschwärme gilt, dass sie als Kollektiv meist bessere Entscheidungen treffen als das Individuum, dann bestätigen dies vergleichbar konzipierte Experimente für Menschengruppen. Allerdings gilt für Letztere häufiger, dass die Schwarmintelligenz manchmal dann doch versagt und zur Schwarmdummheit wird. So kamen Wissenschaftlerinnen und Wissenschaftler auf Basis ihrer Forschung wiederholt zu dem Schluss, dass der Mensch in der Masse anders als Fisch oder Vogel in Krisensituationen häufig weniger schlau reagiert. Als Belege sollen die Stichworte Lynchmob, Stau, Massenpanik bei Großveranstaltungen reichen. Wären solche Erkenntnisse nicht Grund genug, die Regeln, nach denen ein Schwarm funktioniert, in allen Details zu knacken und von ihnen zu lernen?

Honigbienen in der Luft. Die Tiere schwärmen aus, wenn der Stock zu groß wird und sich teilt.

Schwarmintelligente Menschen?

Manchmal aber finden sich schon jetzt verblüffende Beispiele für erkennbare Intelligenz im menschlichen Schwarm. So stellte eine junge Frau im November 2012 irgendwo in Kanada einen selbst gezeichne-

Stare bilden spektakuläre Schwärme aus Tausenden von Tieren. So wie hier über dem niederländischen Leeuwarden.

ten Comic ins Netz. Er zeigt eine scheinbar harmlose Begebenheit, die soeben ihrem Freund widerfahren war, der im Medizinschränkchen einen Schwangerschaftstest gefunden hatte. Er pinkelte auf den Streifen und erlebte eine Überraschung: Der Mann war offenbar schwanger. Einmal online, schlugen jedoch mehrere User Alarm und empfahlen „Er sollte er sich auf Hodenkrebs testen lassen." Eine weitere Notiz findet sich: „Hallo, ich bin Medizinstudent; Schwangerschaftstests basieren auf dem Hormon HCG, das in der Plazenta gebildet wird. Bei Männern hingegen ist es ein klares Indiz für Hodenkrebs." Als sich der Adressat dieser Chats untersuchen lässt, finden die Ärzte einen Tumor. Früh genug – sie können rechtzeitig erfolgreich operieren.

Dieses Beispiel für einen so nur durch die Gruppe möglichen Erfolg führt noch einmal zurück zu den Schwärmen der Vögel und Fische. „Neueste Studien zeigen, dass einige Schwärme doch nicht ganz uniform aufgebaut sind", gibt Iain Couzin zu bedenken: „zum Beispiel, weil es nun einmal doch geringgradige Unterschiede gibt bei Körperkraft oder Sinnesleistungen, die zum Vorteil des gesamten Schwarms eingesetzt werden können." Und so scheint es in manch einem Schwarm wohl doch den einen oder anderen Vogel zu geben, der ein bisschen mehr Kraft hat und daher länger an der Spitze fliegt, oder den einen oder anderen Fisch, der besser den sich nähernden Feind erkennt und so reagiert, dass es die Chance erhöht zu entkommen.

Somit hätten nicht sämtliche Individuen den gleichen Einfluss auf die Reaktionen des Schwarms an sich und damit auf sein Verhalten – und dies trotz einer nach wie vor fehlenden Hierarchie. Nähert man sich also doch dem Konzept des Superorganismus, in dem Einzelne sich spezialisieren auf Erfordernisse, die der Schwarm als übergeordnetes Ganzes erfüllt?

„Schwärme und andere sich kollektiv koordinierende und organisierende Tiergruppen sind eben mehr als die Summe ihrer Teile; sie entwickeln auf diese Weise Fähigkeiten, die die einzelnen Tiere nicht abrufen können", fasst Iain Couzin zusammen. Ein Schwarm könne sogar ein kollektives Gedächtnis entwickeln, wie wir es von staatenbildenden Tieren, etwa Ameisen, kennen. Wenn man bedenkt, dass die kleinen Krabbler in der Lage sind, komplexeste Bauten zu errichten und einen perfekt funktionierenden Staat mit genauer Aufgabenteilung, obwohl keines der Individuen das große Ganze überblickt, dann erscheint dieses Gedankengebilde gar nicht so unrealistisch.

Ralf Stork

Nackter Sozialstaat

Nacktmulle sind Säugetiere, aber haben ihre Kolonien wie Ameisen- oder Bienenstaaten organisiert. Diese Form der Kooperation hat das Herausbilden weiterer Besonderheiten begünstigt.

In den trockenen Halbwüsten Ostafrikas leben Nacktmulle unter der Erde.

Bei Abstimmungen im Internet zum hässlichsten Tier der Welt landen sie bis heute immer auf den vordersten Plätzen. Alfred Russel Wallace, der Mitbegründer der Evolutionstheorie, soll die Art als „extraordinary ugly", zu Deutsch: außergewöhnlich hässlich, beschrieben haben und mit ihr als Inspiration den Begriff der evolutionären Sackgasse entwickelt haben. Die Rede ist vom Nacktmull, wissenschaftlich *Heterocephalus glaber*. Die Nagetiere leben in den Halbtrockenregionen des östlichen Afrikas in unterirdischen Kolonien mit bis zu 300 Individuen, werden 5 bis 15 Zentimeter groß und wiegen zwischen 30 und 50 Gramm. Sie sind weitgehend nackt, ihre faltige Haut wirkt mindestens eine Nummer zu groß für ihre kleinen, tonnenförmigen Körper. Und sie haben auffallend große Nagezähne. Seit ihrer wissenschaftlichen Beschreibung im Jahr 1842 haben sie es zu einer gewissen Berühmtheit gebracht – allerdings aus den falschen Gründen. Denn Nacktmulle haben weit mehr zu bieten als ein gewöhnungsbedürftiges Äußeres.

Nacktmulle weisen ein für Säugetiere sehr ungewöhnliches Sozialverhalten auf. „Eine Nacktmull-Kolonie ist ähnlich wie ein Bienenstock organisiert", sagt Susanne Holtze, die als Biologin und Tierärztin am Leibniz-Institut für Zoo- und Wildtierforschung (IZW) in Berlin arbeitet. Die Königin steht in der Hierarchie ganz oben. Sie ist die Einzige, die Nachwuchs produziert. Ein bis drei Männchen in der Kolonie dürfen sie begatten. Die übrigen Tiere helfen bei der Aufzucht der Jungen, umsorgen die Königin, schaffen Nahrung herbei oder graben Gänge.

Am IZW werden die Tiere seit 2008 zu Forschungszwecken gehalten. In einem abgedunkelten Raum mit mollig warmer Temperatur leben 350 Nacktmulle in 13 getrennten Kolonien. Blickt man in eine hinein, ist in einer mit Sägespänen gefüllten Kammer ein großer, sich gegenseitig wärmender Klumpen schlafender Nacktmulle zu erkennen. Durch die Plexiglasröhren der Forschungsanlagen laufen die Mulle hin und her. Die Königin, heller, größer und buckliger als alle anderen Koloniebewohner, ist deutlich zu erkennen. Um die vielen ungeborenen Jungtiere in ihrem Leib unterbringen zu können, hat sie eine gewölbte Wirbelsäule, die währende der Trächtigkeit in die Länge wächst.

Die Königin wirft in der Regel viermal im Jahr durchschnittlich 10 bis 14 Junge. Weil der Nachwuchs etwa vier Wochen gestillt wird, ist sie beinahe durchgehend schwanger, säugend oder gar beides. Die Anzahl der Jungen pro Jahr ist nicht niedriger als bei anderen kleinen Nagetieren wie Hamstern oder Mäusen. Weil die Königin aber das einzige fruchtbare Weibchen ist, ist die Nachwuchsrate je Kolonie vergleichsweise gering.

Unterschiedliche Überlebensstrategien

„Die meisten kleinen Nagetiere sind sogenannte r-Strategen. Sie setzen auf eine hohe Reproduktionsrate, r, bei geringer eigener Lebenserwartung", sagt Holtze. Mäuse, Hamster und andere haben viele Feinde. Ihr Leben ist darauf angelegt, in möglichst kurzer Zeit möglichst viele Nachkommen zu produ-

Nur die Nacktmullkönigin kann Nachwuchs gebären. Hier füttert das deutlich größere Tier seine Jungen.

Kuschelstunde: Nacktmulle haben eine dünne Haut und nur wenig Fett. Laufen sie Gefahr zu unterkühlen, hilft ihnen das Gruppenkuscheln.

zieren. Das erhöht die Wahrscheinlichkeit, dass trotz aller Gefahren wenigstens ein paar Jungtiere überleben. Weil die Chance, über einen längeren Zeitraum am Leben zu bleiben, ohnehin gering ist, liegt auch die natürliche Lebenserwartung mit zwei bis drei Jahren recht niedrig.

Nacktmulle dagegen gehören zu den sogenannten K-Strategen. K steht für Kapazitätsgrenze, denn die Population liegt relativ stabil an der Grenze dessen, was der Lebensraum hergibt. Nacktmulle haben außer Schlangen keine natürlichen Feinde und sind in ihrer Kolonie unter der Erde bestens geschützt. Das heißt, sie können es sich eher leisten, in eine höhere Lebenserwartung und eine intensivere Pflege der Jungtiere zu investieren. Mit 70 Tagen ist die Tragzeit länger als bei Hunden oder Katzen. Während der Schwangerschaft und erst recht während des Säugens der vielen Jungen ist die Königin auf Hilfe bei der Versorgung angewiesen.

Ursprung des Sozialsystems der Nacktmulle könnte deshalb ein Familienverband mit monogam lebenden Elterntieren und ihren Jungen gewesen sein, in dem sowohl der Partner als auch die älteren Jungtiere bei der Versorgung des Nachwuchses geholfen haben. „Die Lebenswelt außerhalb der Kolonie ist für die Nacktmulle ziemlich gefährlich. Da macht es Sinn, dass Tiere auch im erwachsenen Leben den Bau nicht verlassen wollen. Im Laufe der Evolution könnte sich das Familiensystem so zu dem heutigen eusozialen System weiterentwickelt haben", sagt Holtze.

Tyrannische Königin

Theoretisch können alle Weibchen einer Kolonie trächtig werden, ihr Zyklus wird aber unterdrückt. Früher glaubte man, dafür seien Pheromone verantwortlich, die die Königin absondert. Diese Theorie ließ sich aber nicht belegen. Heute geht man eher davon aus, dass die Weibchen unfruchtbar bleiben, weil sie wegen der herrischen Königin unter ständigem Stress stehen. Die fordert von ihren Untergebenen unterwürfiges Verhalten: Bei einer Begegnung in einem der schmalen Gänge steigt immer das ranghöhere über das rangniedere Tier. Zeigt sich ein Untertan respektlos, wird er von der Königin verfolgt und drangsaliert. „Man kann auch hier im Labor beobachten, wie die Königin einzelne Tiere bedrängt und beißt, die sich nicht an die Etikette halten wollen." Dieser tägliche Stress reicht offenbar aus, um die Weibchen unfruchtbar zu halten.

„Stirbt die Königin oder wird sie aus der Kolonie entfernt, kommt es zu sozialen Unruhen", sagt Holtze.

Die stärksten Weibchen kämpfen untereinander um die Vorherrschaft. In einem Labor soll ein Erbfolgekrieg in den 1980er-Jahren 16 Monate gedauert und neun Todesopfer gefordert haben. Erst dann hatte sich eine neue Königin durchgesetzt. Am IZW lässt man es so weit nicht kommen. In der Regel versucht man, die Hauptaggressorin aus der Kolonie zu entfernen und mit ihr eine neue Kolonie zu begründen.

Neben dem Sozialverhalten ist auch die Langlebigkeit der Nacktmulle bemerkenswert. Eine Königin kann 30 Jahre und noch älter werden. „Ausgerechnet die Königin, die so viel Energie für Schwangerschaften und fürs Säugen aufbringen muss, hat eine deutlich höhere Lebenserwartung als ihre Untergebenen", sagt Holtze. Die übrigen Nacktmulle werden in Gefangenschaft häufig 20 Jahre alt. Ihre durchschnittliche Lebenserwartung in freier Wildbahn liegt aber deutlich darunter.

Kein Krebs bei Nacktmullen

Die Erforschung des gesunden Alterns bei Nacktmullen ist interessant, weil sich daraus wichtige Erkenntnisse für die Alterungsprozesse der Menschen gewinnen lassen. Gleiches gilt für die Krebsforschung. Denn anders als beim Menschen und vielen anderen Arten spielt Krebs als Krankheit oder Todesursache bei Nacktmullen bis ins fortgeschrittene Alter keine Rolle. Das könnte mit den Mitochondrien der Tiere zusammenhängen, also den Teilen der Zelle, die Energie herstellen. Beim Nacktmull behalten sie bis ins hohe Alter ihre ursprüngliche Form und Leistungsfähigkeit. Und auch die schützenden Endabschnitte der Chromosomen, die sogenannten Telomere, bleiben in den Blutzellen von Nacktmullen bis ins hohe Alter gleich lang oder verlängern sich sogar, während sie sich bei Menschen und Maus mit steigendem Alter zunehmend verkürzen.

Es gibt noch weitere bemerkenswerte Eigenschaften der Tiere: Sie kommen lange ohne Sauerstoff aus. In Versuchen in einem Labor in Chicago hat sich gezeigt, dass die Tiere 18 Minuten ohne Sauerstoff überleben können. Wird die Luft knapp, fallen die Nacktmulle in eine Art Winterschlaf. Das Herz schlägt statt 200-mal nur noch 50-mal pro Minute. Diese Fähigkeit könnte sich entwickelt haben, weil häufig alle Tiere einer Kolonie zusammengedrängt in einer Kammer liegen und schlafen. Da ist die Luft zum Atmen schnell verbraucht. Und anders als bei den allermeisten Säugetieren und Vögeln ist ihre Körpertemperatur nicht konstant. Sie schwankt je nach Außentemperatur zwischen 12 und 32 Grad Celsius.

Dass eine Art so viele einzigartige Eigenschaften hervorbringt, ist für sich genommen schon wieder einzigartig. Am Anfang dieser Sonderentwicklung steht wahrscheinlich das unterirdische Leben: Nacktmulle leben in einer ziemlich sicheren Nische mit konstanten Umweltbedingungen unter der Erde. Dieses Leben funktioniert vor allem in einem großen Familienverband mit Arbeitsteilung. „Die Eusozialität trägt zur Stabilität der Kolonie und zum Überleben ihrer Mitglieder bei. Diese Stabilität ist Voraussetzung für eine Selektion auf Langlebigkeit", sagt Susanne Holtze.

Unter derart stabilen und ungestörten Bedingungen haben sich dann weitere Besonderheiten herausbilden können.

Ein Tier der Superlative: Nacktmulle werden für Nagetiere sehr alt, bekommen keinen Krebs und können 18 Minuten ohne Sauerstoff auskommen.

Wanderameisen
ziehen durch die
afrikanische Steppe.

Kleine Vorbilder für große Fortschritte

Joseph Scheppach

Medikamente, Verkehrsplanung, Online-Versandhandel – diversen Forschungszweigen dienen Ameisen als Inspirationsquelle und Studienobjekt. Seit Neuestem schauen sogar Unternehmen den Ameisen über die Schulter. Was wir von Ameisen lernen können.

Auf dem Weg zur Arbeit streift Clint Penick zuweilen mit einem Plastikschlauch sanft über den Bürgersteig. So saugt er – wie mit einem Staubsauger – seine Studienobjekte auf: Ameisen. Sie landen in einer Filterkammer im Schlauch.

Der Professor von der Kennesaw State University in Georgia ist Myrmekologe, also Ameisenforscher. Die Insekten braucht er später in seinem Labor, um Medikamente herzustellen. Denn er zählt zu den Pionieren der Gelben Biotechnologie, einem jungen Forschungsfeld, das nach der Körperflüssigkeit von Insekten benannt ist, der sogenannte Hämolymphe, die häufig gelb ist. Für die Vertreter der chemischen Ökologie sind die Tierchen lebende Chemiefabriken. In Insekten schlummert eine riesige Apotheke mit Wirkstoffen gegen diverse Krankheiten. Auch dringend benötigte neue Antibiotika können die Krabbeltiere der Menschheit liefern.

Für immer mehr Wissenschaftler der Bionik entpuppt sich die Natur als ein Füllhorn an Ideen. Während Pharma-Myrmekologen wie Penick gerade erst dabei sind, Ameisen als schier unerschöpfliche Lieferanten neuer Wirkstoffe zu entdecken, nehmen sich andere Forscher längst eine andere Innovation der Sechsfüßer zum Vorbild: die Schwarmintelligenz (siehe dazu auch „Vom Individuum zum Kollektiv“, S. 43). In der Kolonie finden Ameisen deutlich effizientere Lösungen für Probleme als ein einzelnes Individuum. Mit dieser kollektiven Cleverness haben Ameisen einen Routenplaner erfunden, er funktioniert so gut, dass Logistiker ihn abkupfern wollen. Treffen Kollektive also die klügeren Entscheidungen? Könnten Regeln des tierischen Staatsmanagements auch menschliches Zusammenleben verbessern? Seit Neuestem schauen sogar Unternehmen den Ameisen über Schulter. Das Management soll vom Erfahrungsschatz der sozialen Tierchen lernen.

Sogar auf dem Weg zur Arbeit sammelt Clint Penick Ameisen für seine Forschung.

Ungewöhnliche Vorratshaltung: In guten Zeiten fressen sich einige Vertreterinnen der Honigtopfameisen so voll, dass ihr Hinterleib anschwillt. So hängen sie bewegungslos an der Decke ihres Baus, bis die Vorräte benötigt werden. Dann würgen die Tiere den sogenannten Ameisenhonig wieder aus.

Ob Ameisen-Medizin, -Transportwesen, oder -Wirtschaft: Wir stehen, so scheint es, an der Schwelle zum neuen Zeitalter der Bionik-Ökonomie.

Ameisen-Medizin

So vielfältig die Anwendungen der Ameisen-Bionik sein mögen, alle greifen auf Jahrmillionen alte, praxiserprobte Erfolgsrezepte zurück. So fußt die Hoffnung der Gelben Biotechnologie, in Insekten verborgene Schätze zu finden, auf deren außerordentlichem evolutionären Erfolg. Mit über einer Million Arten stellen sie die artenreichste Gruppe im gesamten Tierreich. „Ein Grund ist sicher ihr gutes Immunsystem", so Penick. Insekten haben ein gewaltiges Arsenal von Abwehrstoffen entwickelt – und es seit 400 Millionen Jahren ständig optimiert.

Die pharmazeutisch vielversprechendsten Moleküle, so das Kalkül, stecken in Tierchen, die sich in keimbelasteter Umgebung behaupten mussten. Dort lauern Gefahren, die sich nur mit einer schlagkräftigen Immunabwehr bekämpfen lassen. Und Meister im Abwehren solcher Gefahren sind Ameisen. „Ein Ameisenhaufen, in dem Hunderte Millionen Arbeiter herumwuseln, ist der perfekte Ort für den Ausbruch von Krankheiten", erklärt der Biologe. „Wenn ein Arbeiter infiziert ist, steckt er innerhalb weniger Stunden Tausende andere an. Ein Ameisenhaufen ist der mikrobiell dichteste Lebensraum auf der Erde."

Was sichert das Wohlergehen des Volks der Formicidae? Als Penick diverse Körpersäfte von Ameisen analysierte, entdeckte er 20 antimikrobiell wirkende Substanzen, die den Tieren bei der Abwehr gegen gefährliche Bakterien, Pilze oder Viren helfen. Einige Stoffe könnten sogar eine neue Antibiotika-Klasse für Menschen begründen – Antibiotika auf Insektenbasis. Dazu gehört eine Substanz, die Wissenschaftlern der University of East Anglia in Norwich an der baumbewohnenden Ameise Tetraponera penzigi in Kenia auffiel. Sie wird von der Bakterienart *Streptomyces formicae* besiedelt, aus der die Wissenschaftler die neuartige Antibiotika-Gruppe der Formicamycine isolierten. Labortests zeigten: Sie töten selbst Erregertypen, die als Krankenhauskeime traurige Berühmtheit erlangt haben, weil einige von ihnen sogar resistent gegen alle zugelassenen Antibiotika sind: *Staphylococcus aureus* (MRSA) und Enterokokken (VRE).

Ganz ähnliche Wirkstoffe entdeckten jüngst Forscher von der University of Sydney bei der Australischen Honigtopfameise. Im Honig von Camponotus inflatus schlummern nicht nur Wirkstoffe gegen MRSA und VRE, sondern auch gegen den Schimmelpilz *Aspergillus* und den Hefepilz *Cryptococcus*. Alle vier können schwerwiegende Infektionen beim Menschen verursachen.

Medikamentenentwicklung nach Ameisen-Art

Doch der Weg zu einem neuen Medikament ist lang. Wurde etwa ein Protein für ein neues Mittel identifiziert, muss anschließend der passende Wirkstoff synthetisiert werden. Dazu durchforsten Pharmafirmen ihr Chemikalien-Archiv nach Stoffen, die auf das Zielprotein wirken. Ein komplexer Prozess des Ausprobierens mithilfe von Computersimulationen. Doch egal wie aufwendig die Programme, bislang gelang es nicht, Nebenwirkungen frühzeitig auszumachen – daran scheitern neue Medikamente oft. Um unerwünschte Eigenschaften besser vorherzusagen, hat Medikamenten-Designer Gisbert Schneider eine Software nach Ameisen-Art entwickelt. Sie basiert auf dem sogenannten Ameisen-Algorithmus. Im Fachjargon kurz „ACO" genannt, für Ant Colony Optimization.

Der Professor für Computergestütztes Wirkstoffdesign am Institut für Pharmazeutische Wissenschaften der ETH Zürich hat das Verhalten der Ameisen bei der Futtersuche im Blick. Sie richten grundsätzlich Ameisenstraßen ein, die den Bau und die Futterquelle verbinden. Das Besondere daran: Die Evolution hat die Tiere darauf getrimmt, noch im größten Chaos den kürzesten Weg zu finden. Der Trick: Wenn Arbeiterameisen nach Futter suchen, hinterlassen sie Spuren und sondern Duftstoffe ab. Wenn nun eine Ameise zwischen zwei möglichen Wegen zu wählen hat, welcher der kürzere zur Futterquelle ist, nutzt

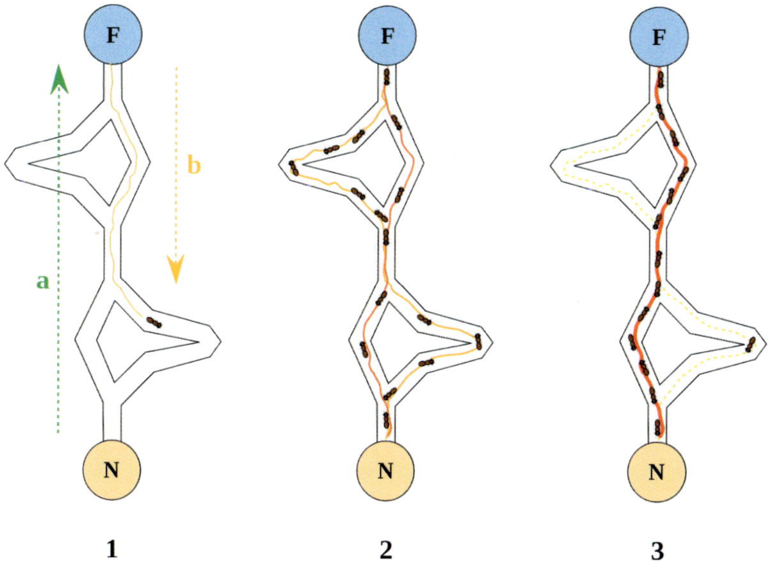

Ameisen markieren den Weg zu einer Futterquelle mit Pheromonen. Wenn andere Ameisen der Pionierameise folgen, benutzen sie verschiedene Wege (2). Auf dem kürzesten Pfad befinden sich schnell die meisten Duftstoffe, er setzt sich durch (3).

sie instinktiv den, der am stärksten markiert wurde. Der kürzere Weg wird von der sich auf dem Rückweg befindlichen Ameise doppelt markiert – die Ameise mit dem längeren Weg markiert ihren Rundgang erst später. Das flüchtige Pheromon hat sich dann schon fast aufgelöst.

Die Spuren sind also eine Information für nachfolgende Ameisen. Eine Ameise muss demnach gar nicht mehr physisch da sein, um für andere noch eine Informationsquelle darzustellen. Mit anderen Worten: Ameisen verlassen sich auf ein kollektives Gedächtnis – typisch für Superorganismen, also Verbände von Insekten, die zusammen mehr können als allein.

„Die Schwarmintelligenz habe ich in den Ameisen-Algorithmus übersetzt", erklärt Schneider. Er durchsucht genau nach diesem Prinzip viel effizienter als bisher die riesige Welt chemischer Substanzen nach potenziellen neuen Wirkstoffen.

Je nachdem, wie stark die gewünschten und unerwünschten Effekte der virtuellen Produkte sind, erhalten die Bausteine eine Note. In der Welt der Ameisen entspräche dies einer Duftmarkierung auf dem

Weg zum Futter. In einem nächsten Schritt werden die Komponenten ausprobiert. Dabei fließen auch Informationen über Irrwege. Kombinationen mit ungünstigen Eigenschaften werden automatisch aussortiert, weil deren „Duftmarke" schwindet. Für eine bessere Zusammensetzung von Bausteinen hingegen wird sie verstärkt – mit jedem weiteren virtuellen Kombinationsschritt immer mehr. Weil nicht nur eine einzelne Ameise den Weg sucht, sondern ein ganzer Schwarm, im Fall des Algorithmus viele parallel laufende und miteinander kommunizierende Suchprozesse, finden die virtuellen Ameisen – wie die Ameisenkolonie – den kürzesten beziehungsweise besten Weg zum Ziel: dem neuen Wirkstoff. „Was bisher bis zu mehreren Tagen dauerte, schaffen wir nun in wenigen Minuten", so Schneider.

Shoppen wie die Ameisen

Der Trick lässt sich noch auf ganz andere Bereiche übertragen. Etwa wenn Internethändler ihren Kunden beim Onlineshopping Waren empfehlen, die zuvor schon andere Kunden mit ähnlichen Interessen gekauft haben. Auch dahinter steckt der Ameisen-Algorithmus, der sich im übertragenden Sinn an den Wegmarkierungen orientiert, die wir beim Surfen hinterlassen.

Und auch auf anderem Wege hilft der Ameisenalgorithmus beim Onlinehandel, nämlich beim Versand. Kein Problem ist so komplex, dass es mit dem Ameisen-Algorithmus nicht zu lösen wäre. „Online-Mode-Firmen müssen für eine Bestellung aus Hunderttausenden, ja bis zu einer Million Artikel die richtigen Kleidungsstücke zusammenstellen", sagt Heiko Hamann. Will man die zeitsparendste Suche berechnen,

Lagerhäuser für Kleidung sind oft riesig, deshalb könnte ein Lagerroboter helfen.

um Lagerroboter zu programmieren, steigen herkömmliche Computerprogramme aus. Sie sind schlicht überfordert. Der Informatik-Professor von der Uni Konstanz löste das Problem, indem er das Ameisen-Prinzip der Selbstorganisation auf chipbestückte Kleiderbügel übertrug. „Sie kommunizieren untereinander wie Ameisen in einem Schwarm", erklärt Hamann. Bei einer Bestellung gleiten auf Schienen nur jene Bügel zur Auslieferung, die den kürzesten Weg haben.

Genauso lässt sich bei Lackieranlagen in der Autoindustrie klären: In welcher Reihenfolge und auf welchen Maschinen soll welche Farbe aufgetragen werden? Auch Betreiber von Abfüllanlagen stehen vor diesem Problem: Wann soll am besten auf welchen Maschinen welcher Wein abgefüllt werden? Mit Ameisen-Logistik hat Bernd Meyer diese Aufgabe für die australische Weinindustrie gelöst. „Jetzt werden die verschiedenen Rot- und Weißweine in einer optimalen Taktung abgefüllt und die Lkw-Flotte bringt die Ware auch gleich noch auf der kürzesten Route zum Ziel", erklärt der IT-Professor an der Monash University in Melbourne.

Im Auto auf der Ameisenstraße

Mit dem Algorithmus lassen sich zudem ganze Logistikketten optimieren. Er findet die beste Route für den Lkw, den Zug oder das Flugzeug. Auch das Be- und Entladen von Containerschiffen gelingt schneller. Er sorgt für eine platzsparende Beladung von Flugzeugen und eine günstigere Taktung im öffentlichen Nahverkehr. Und selbst Autofahrern können Ameisen helfen. Ohne Chef bewegen sie sich auf ihren Straßen stets wie am Schnürchen – und dies mit einem Durchsatz von mehr als 100 Ameisen pro Minute. Während wir Deutschen im letzten Jahr alle zusammen insgesamt 333.000 Stunden im Stau standen, gibt es bei Ameisen niemals Verkehrschaos.

„Sie haben einen effektiven Anti-Stau-Mechanismus entwickelt", erklärt Prof. Dirk Helbing von der ETH Zürich. Seine neuartige Ampelsteuerung tut es den Ameisen nach. Es gibt keine Zentralsteuerung. Die Ampeln werden vom Verkehr gesteuert, nicht umgekehrt. Dazu nehmen sie über Detektoren Verkehrsinfos auf. Mit diesem kollektiven Wissen entscheiden sie selbstgesteuert, wann welcher Verkehrsstrom wie lange grün bekommt. Das Fazit nach Pilotversuchen in Dresden und Luzern: Verkehrsteilnehmer mussten weniger lang warten.

Arbeitsorganisation wie die Ameisen

Ameisen sind nicht clever, Ameisenkolonien schon. Ohne Befehl von oben arbeiten sie effektiv zusammen. Sie transportieren Beute ab, die 100-mal schwerer ist als die Tierchen. Völlig selbstorganisiert strömen dann so viele Ameisen herbei, wie für die Herkules-Aufgabe nötig sind. Andere verarbeiten die Nahrung zu Vorratsklumpen und verteilen sie in der Kolonie.

Geht so etwas auch in einem Unternehmen – Selbstorganisation ohne Anweisung vom Chef? Dr. Willms Buhse, Unternehmensberater bei doubleYUU.com nimmt sich die Ameisen als Vorbild und experimentiert mit dem sogenannten Open Space. „Einen Tag lang steckte ich die Mitarbeiter der Nachrichtenagentur dpa in eine Fabrikhalle, ohne Chef und ohne Agenda", so der Vordenker in Sachen modernes Unternehmen. „Sie sollten sich selbst organisieren, eigene Themen vorschlagen, Arbeitsgruppen dazu bilden. Wer wo mitmacht – alles völlig offen. Die Resonanz war verblüffend. Es öffnete sich ein Raum für tolle Innovationen." So haben die Mitarbeiterinnen und Mitarbeiter der Nachrichtenagentur beim Open Space etwa ein neues Format entwickelt: Fact Graphics, also Faktenchecks in Form von interaktiven Grafiken und animierten Videos. Mit den Grafiken will die dpa zum Beispiel Falschbehauptungen in den Sozialen Medien bekämpfen.

Möglichweise folgen beim Brainstorming im Open Space sogar unsere Gehirnzellen denselben Regeln für kollektives Verhalten, wie sie bei Ameisen zu beobachten sind. „Die Regeln des Schwarms könnten auch für die Zellen in unserem Körper gelten", sagt Iain Couzin. Der Professor für Biodiversität an der Universität Konstanz prophezeit: „In den nächsten Jahren wird es auf den verschiedensten Gebieten der Ameisenforschung eine Menge Fortschritte geben."

Soziale Verbände – In bester Gesellschaft

Ralf Stork

Alpha-Wölfe gibt es nicht

Jahrzehnte lang war in der Forschung die Rede von Alpha-, Beta- und Omega-Wölfen. Sogar bei uns Menschen hat sich der Begriff „Alphamännchen" durchgesetzt. Doch all das basiert auf einer Fehlannahme. Warum die Forschung jahrzehntelang ein falsches Bild vom Rudelleben hatte.

Ein Rudel Wölfe in Frankreich. Ein Alphatier gibt es hier nicht.

Wolf, *Canis lupus*, und Mensch teilen eine Geschichte, die viele Tausend Jahre zurückreicht. Nachdem die zutraulichsten Wölfe sich vor mindestens 15.000 Jahren quasi selbst zum Hund (*Canis lupus familiaris*) domestiziert hatten, wurden die verbliebenen wild lebenden Wölfe vom Menschen mehr und mehr als Nahrungskonkurrenten und Schädlinge verteufelt. Das Bild vom bösen Wolf entstand. Das geflügelte Wort „Der Mensch ist dem Menschen ein Wolf", also ein schreckliches, blutdürstiges Raubtier, findet sich schon bei den Römern vor gut 2000 Jahren: *homo homini lupus*. Der Wolf wird zum Inbegriff der gefährlichen Bestie und zum Sinnbild der erbarmungslosen Natur, in der uneingeschränkt das Recht des Stärkeren gilt. Dieses Ressentiment wurde im 20. Jahrhundert scheinbar auch durch die Wissenschaft bestätigt: In den 1930er-Jahren begann der Schweizer Verhaltensforscher Rudolf Schenkel im Zoo Basel damit, das Sozialverhalten der dortigen Wölfe zu studieren. In seiner 1947 veröffentlichten Schrift „Expression studies on wolves" benutzt er erstmals die Begriffe Alpha-Wolf und Alpha-Wölfin, um die Hierarchie im Rudel zu beschreiben. Seinen Beobachtungen zufolge gibt es im Rudel jeweils ein männliches und ein weibliches Tier, die alle anderen Männchen und Weibchen dominieren und sich den Platz an der Spitze der Gruppe erkämpft haben. Sie sind die einzigen, die sich fortpflanzen dürfen.

Das hierarchische Konzept wurde später noch verfeinert: Beta-Wölfe sind demnach Alpha-Wölfen gegenüber unterwürfig, dominieren aber die übrigen Rudelmitglieder. Ganz unten in der Rangordnung sollen die Omega-Wölfe stehen, die als Außenseiter und Prügelknaben den schwierigsten Stand im Rudel haben. Durch das 1970 erschiene Standardwerk „The Wolf: Ecology and Behavior of an Endangered Species" des Verhaltensforschers David Mech wurde Schenkels Terminologie der Alpha-, Beta- und Omega-Wölfe schließlich zum Allgemeingut. Vermutlich auch, weil das Konzept so schön auf das menschliche Zusammenleben insbesondere in der Wirtschaft zu passen scheint: Zum Raubtierkapitalismus, wie er unter anderem im Film „Wolf of Wallstreet" beschrieben wird. Und zu den Managern, die die Ellenbogen ausfahren und sich ihren Weg an die Spitze einer Abteilung oder eines ganzen Konzerns hart erkämpfen. Wer es nach oben schafft, ist mit Sicherheit ein Alphatier, ein geborener Anführer. Und dann gibt es noch die von Natur aus etwas weniger willensstarken Menschen, die nicht genügend Biss für die Führungsetage haben und sich entsprechend im mittleren Management wiederfinden.

Jahrzehntelanger Irrtum

Die schöne Lehre von den Alphatieren hat allerdings ein gravierendes Problem: Sie stimmt nicht! Zumindest nicht für frei lebende Wölfe. Schenkel und seine Nachfolger und Nachfolgerinnen beobachteten Wolfsrudel ausschließlich in Gefangenschaft. In Zoos und Tiergärten wurden viele unterschiedliche Tiere auf engem Raum zusammengepfercht. Im Baseler Zoo lebten zehn erwachsene Wölfe aus unterschiedlichen Zoos auf gerade einmal 200 Quadratmetern in einer Zwangsgemeinschaft. In Deutschland ist das Territorium eines wild lebenden Rudels durchschnittlich 200 Quadratkilometer groß, also eine Million Mal größer. In Skandinavien und Nordamerika erstreckt es sich auch schon mal über 1500 Quadratkilometer. Kein Wunder, dass es in den beengten Zoogehegen zu sozialen Spannungen und Rangordnungskämpfen kam.

Weil in den 1930er-Jahren in Europa die Wölfe weitgehend ausgerottet waren, hatten Schenkel und andere Forschende nicht die Möglichkeit, frei lebende Rudel zu beobachten. Das wurde erst seit den 1970er-Jahren in Nordamerika nachgeholt. Und David Mech, der das Konzept von den Alpha-Wölfen überhaupt erst bekannt gemacht hatte, wurde nun zu einem der lautstärksten Kritiker. „Das Konzept des Alpha-Wolfes als ‚Oberwolf', der eine Gruppe gleichaltriger Artgenossen beherrscht, ist besonders irreführend", schreibt Mech in dem 1999 erschienen Artikel „Alpha-Status, Dominanz und Arbeitsteilung in Wolfsrudeln".

Bei seinen Feldstudien auf Elsmere Island in Kanada hatte er beobachtet, dass die Sozialstruktur wild lebender Wolfsrudel ganz anders aufgebaut ist: Es gibt die Elterntiere, Rüde und Fähe, die – wenn die Bedingungen günstig sind – jedes Jahr Nachwuchs bekommen. Die Jährlinge, also die Jungtiere aus dem Vorjahr, helfen bei der Aufzucht der Welpen. Im Alter von zwei oder drei Jahren verlassen sie das Rudel, um in der Fremde einen Partner zu finden und ein eigenes Rudel zu gründen.

Friedliche Kleinfamilie

Ein Wolfsrudel ist also nichts anderes als ein Familienverband, in dem die Eltern gegenüber ihren heranwachsenden Kindern selbstverständlich den Ton angeben. Weil die Verhältnisse im Rudel so klar sind, werden Rangordnungskämpfe so gut wie nie beobachtet. „Daher ist die Angewohnheit, einen Wolf als Alpha zu bezeichnen, in der Regel nicht angemessener, als Menscheneltern Alphas zu nennen", schreibt Mech.

Zusammen mit der These vom Konkurrenzkampf um die Anführerposition musste eine weitere gleich mit entsorgt werden: Bis in die 1970er-Jahre galt es als ausgemacht, dass den Welpen ihr späterer Rang im Rudel schon in die Wiege gelegt sei. Dass es also geborene Alpha-Tiere und entsprechend auch Beta- und Omega-Tiere geben würde. In dieser Hypothese finden sich noch Anklänge des bei den Nationalsozialisten beliebten Sozialdarwinismus, nach dem sich in der Natur immer die Stärksten an die Spitze setzen und fortpflanzen werden. Die Realität ist deutlich weniger dramatisch. Im Prinzip hat jeder Welpe die Chance, später selbst ein Rudel zu gründen. Wenn er im Alter von zwei oder drei Jahren seine Familie verlässt, muss er nur das Glück haben, bei seinen Wanderungen auf einen passenden Partner und ein freies Revier zu stoßen. Ein Paar lebt dann meist mehrere Jahre zusammen und bekommt jährlich Nachwuchs.

„Die Kleinfamilie mit Vater, Mutter und Kindern ist schon die Regel. Es gibt aber auch interessante Ausnahmen davon", sagt Ilka Reinhardt vom Lupus Institut für Wolfsmonitoring und -forschung in Deutschland. Das Institut wurde im Jahr 2000 gegründet, nachdem sich nach mehr als 100 Jahren Abwesenheit wieder ein Wolfsrudel in Deutschland gebildet hatte. Gemeinsam mit dem Leibniz-Institut für Zoo- und Wildtierforschung und dem Senckenberg Zentrum für

Immer mehr Wölfe leben in Deutschland. Im Jahr 2021/22 wurden 161 Rudel gezählt, die meisten davon im Nordosten Deutschlands.

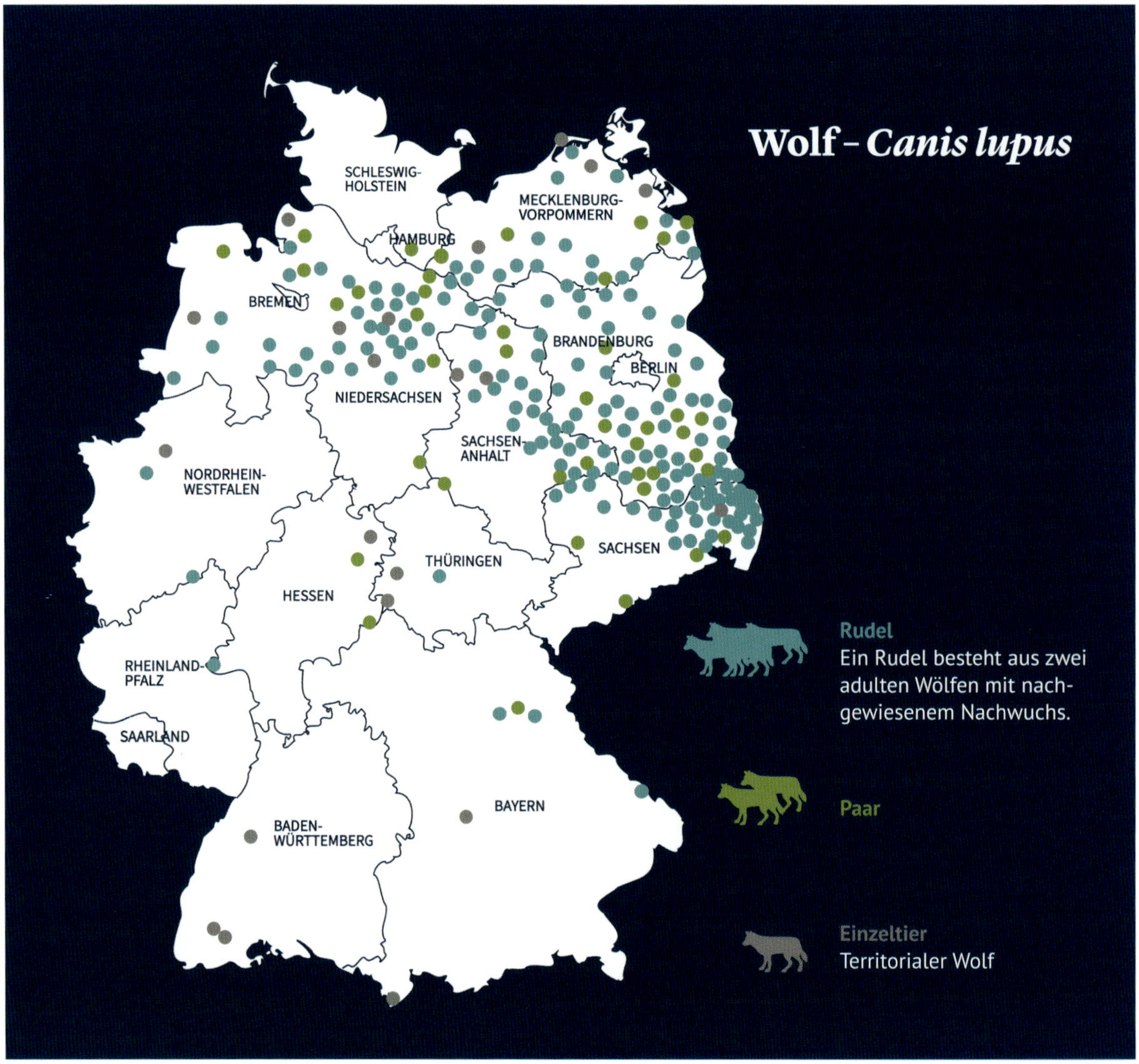

Rangordnungskämpfe gibt es bei frei lebenden Wölfen so gut wie nie.
Auch diese beiden spielen wohl eher.

Wildtiergenetik koordiniert Lupus das Monitoring und die Erforschung der Wölfe in Deutschland.

Mehrgenerationenrudel

Aktuell gibt es in Deutschland 162 Wolfsrudel, 47 Paare und 21 Einzeltiere. Durch Beobachtungen in Nordamerika ist gut dokumentiert, dass in einem Rudel nicht nur eine, sondern zwei Fähen sind, die Nachwuchs bekommen können. Auch in Deutschland kommt das immer wieder vor. „Die reproduzierenden Wölfe sind fast immer Mutter und Tochter. Die Konstellationen des Zusammenlebens können dabei ganz unterschiedlich sein", sagt Reinhardt. Falls der Rüde des Rudels stirbt, kann ein neuer Rüde sich sowohl mit der Mutter als auch mit einer erwachsenen Tochter paaren. Manchmal bringt die Tochter auch einen Rüden mit zum Rudel, der von den Eltern akzeptiert wird. Oder er wird nicht akzeptiert, und die Tochter zieht ihre Jungen ohne Partner gemeinsam mit ihren Eltern auf. „Dass mehrere erwachsene Wölfe zusammen in einem Rudel leben, kommt in der Lausitz und in anderen Regionen, in denen viele Rudel auf vergleichsweise engem Raum nebeneinander leben, häufiger vor", sagt Reinhardt. Ein größeres Rudel kann sein Territorium besser gegen die Nachbarn verteidigen. Und wenn es im weiteren Umfeld keine freien Reviere für Wölfe gibt, macht es durchaus Sinn, dass die Tochter erst mal wieder bei den Eltern einzieht. Nicht selten ergibt sich später die Möglichkeit, das Revier von den Eltern zu erben.

Solidarität unter Wölfen

Das Monitoring der Wölfe in Deutschland erfolgt mit Fotofallen und Genanalysen durch Kotproben. Nach Möglichkeit sollen so alle erwachsen Tiere erfasst werden, um die benachbarten Territorien besser voneinander unterscheiden zu können. Durch die Fotofallen erhalten die Forscher und Forscherinnen zumindest kleine Einblicke in das Sozialleben der Wölfe: „Manchmal sehen wir einzelne Tiere, die stark verletzt sind, aber offenbar vom Rudel mitversorgt werden", sagt Reinhardt. Und in einem Revier, das die Tochter von ihren Eltern übernommen hatte, blieben die Alten, die selbst keinen Nachwuchs bekommen konnten, im Rudel und kümmerten sich um den Nachwuchs ihrer Tochter.

Auch diese Beispiele zeigen, dass – anders als im Klischee – im Wolfsrudel nicht das uneingeschränkte Recht des Stärkeren gilt, sondern ein fürsorglicher Umgang mit allen Familienmitgliedern.

Ralf Stork

Mehrfach kooperative Affen

Wenn Weibchen zusammenhalten, haben Männchen wenig zu sagen – müssen es aber auch nicht. Die Dscheladas wissen, wie ein entspanntes und friedliches Zusammenleben funktioniert.

Sie haben hier das Sagen: Dschelada-Weibchen sorgen für ein friedliches Zusammenleben in der Gruppe.

In den Hochebenen Äthiopiens lebt eine Affenart in so großen Gruppen zusammen wie bei den Primaten sonst nur der Mensch: Der Dschelada oder Blutbrustpavian (*Heropithecus gelada*) zieht in losen Verbänden von bis zu 1200 Tieren durch das baumlose Grasland. Zum Vergleich: Gibbons leben in Kleinfamilien. Schimpansen kommen auf Gruppengrößen zwischen 20 und 100 Tieren, und Paviane leben in Gemeinschaften von bis zu 150 Artgenossen zusammen.

Blutbrustpaviane verdanken ihren Namen einem roten haarlosen Fleck auf der Brust. Trotz ihres Namens zählen sie nicht zur Familie der Paviane, sind aber eng mit ihnen verwandt. Die Affen sind nicht territorial und ernähren sich hauptsächlich von Gräsern. Ihr Zusammenleben in so großen Einheiten wird durch die Ausbildung verschiedener Untergruppen möglich.

Die kleinste Einheit bilden Gruppen von bis zu zwölf Weibchen, die mit ihrem Nachwuchs und einem Männchen zusammenleben. Je größer diese Reproduktionsgruppen oder Harems werden, desto loser werden die sozialen Kontakte innerhalb der Gruppe. Bis die Einheit schließlich auseinanderbricht und sich in zwei Gruppen aufteilt. Die Harems werden häufiger von mehreren nicht dominanten Männchen, sogenannten Followern, begleitet. Außerdem gibt es noch reine Junggesellengruppen, die vor allem aus jungen Männchen bestehen. Bei gutem Nahrungsangebot schließen sich mehrere Reproduktionsgruppen mit einigen Junggesellengruppen zu sogenannten Bands (englisch: Gruppe, Horde) zusammen. Zwischen den verschiedenen Gruppen einer Band bestehen verwandtschaftliche Beziehungen, die den Zusammenhalt stärken. Vermutlich haben viele Individuen früher derselben Gruppe angehört, die dann zu groß geworden war und sich aufteilte. Mehrere Bands können sich zu einer großen Herde zusammenschließen. Auch wenn der Zusammenhalt in der Herde gering ist und sie sich meist schnell wieder in ihre einzelnen Bestandteile auflöst, ist es bemerkenswert, dass eine so große Gruppe Primaten ohne größere Konflikte gemeinsam nach Nahrung suchen kann. Bei den meisten anderen Affen kommt es zu Kämpfen, sobald unterschiedliche Gruppen aufeinandertreffen. Von Schimpansen sind sogar regelrechte Kriege zwischen Nachbarn bekannt.

Friedliches Zusammenleben

Bei den Dscheladas geht es dagegen auch in den Kleingruppen recht friedlich zu. Das einzige Männchen eines Harems hält die Gruppe nicht durch eine ständige Demonstration von Dominanz und Aggression zusammen. Er spielt im täglichen Leben eine eher untergeordnete Rolle, ist mehr geduldet als voll akzeptiert und hält sich eher am Rand der Gruppe als in ihrem Zentrum auf. Wenn zwei Männchen um die Vorherrschaft in einem Harem kämpfen, bestimmen am Ende die Weibchen, welches Männchen sie in der Gruppe akzeptieren, zum Beispiel, indem sie aktiv in den Kampf eingreifen und ihren Favoriten unterstützen.

Weibliche Tiere verlassen ihre Geburtsgruppe in der Regel nicht. Innerhalb eines Harems sind die Weibchen deshalb fast alle miteinander verwandt und pflegen enge soziale Beziehungen.

Das Männchen ist den Weibchen gegenüber körperlich überlegen und den einzelnen weiblichen Tieren gegenüber auch dominant. So kann es bei Konflikten zwischen Weibchen einschreiten und wieder für Ruhe in der Gruppe sorgen. Das Beispiel der Dscheladas zeigt aber auch, welche Macht durch intensive soziale Beziehungen entstehen kann. In der Gruppe hat nicht derjenige das Sagen, der am stärksten ist, sondern diejenigen führen Entscheidungen herbei, die dank intensiv gepflegter Freundschaften und verwandtschaftlicher Allianzen über das stabilste soziale Netzwerk verfügen. Das Sozialsystem der Blutsbrustpaviane ist dabei menschlichen – demokratischen – Gesellschaftsformen gar nicht so unähnlich.

Ein Forscherteam der University of the Free State in Südafrika hat eine weitere Besonderheit im Verhalten der Affen beobachtet, die bisher nur bei Menschen nachgewiesen ist: Wenn sich eine günstige Gelegenheit ergibt, kommen Seitensprünge so gut wie bei allen Arten vor. Die Dscheladas gehen aber einen Schritt weiter, indem sie aktiv versuchen, eine verbotene Liaison geheimzuhalten. Normalerweise geben die Affen beim Geschlechtsakt laute Rufe von sich. Wenn sich allerdinge ein Weibchen nicht mit dem Männchen des Harems, sondern einem Follower einlässt, bleiben die Tiere stumm.

Kaiserpinguine galten lange als monogam, doch inzwischen weiß man: Die Treue hält meist nur eine Brutsaison an.

Tierische Familienbande

Klaus Zintz

Ob kleine Familie oder große Sippschaft: Wie die Menschen leben auch manche Tiere in engen Verbänden zusammen. Aber was zeichnet solche Gruppen aus? Ohne soziale Strukturen geht es nicht. Dazu gehören Respekt vor ranghöheren Tieren, Mutterliebe und Seilschaften. Manche Tiergemeinschaften bringen es dabei zu wahren Meisterleistungen.

Unzertrennliche haben ihren Namen völlig zu Recht: Die kleinen bunten Papageien halten als Paar nicht nur ein Leben lang fest zusammen, sie pflegen auch einen innig liebevollen Umgang miteinander. Und das nicht nur zur Balzzeit, sondern das ganze Jahr über – weshalb sie im Englischen auch treffend „Lovebirds" heißen. Es ist bezaubernd, etwa einem verliebten Pfirsichköpfchen-Paar dabei zuzusehen, wie es miteinander schnäbelt, sich gegenseitig krault oder einfach nur eng aneinanderkuschelt. Das schließt natürlich keineswegs einen handfesten Ehekrach aus, in dem es ziemlich lautstark zugehen kann. In der Regel herrscht aber wenig später wieder traute Zweisamkeit.

Monogame Beziehungen pflegen nicht nur die Unzertrennlichen, sondern auch andere Vögel. Manchmal halten sie ein Leben lang, manchmal eine Brutsaison. So wie bei den Kaiserpinguinen in der Antarktis, die „seriell monogam" sind, wie Fachleute die Partnerschaft auf Zeit nennen. Gemein haben die monogamen Vögel, dass sich in der Regel beide Elternteile um den Nachwuchs kümmern. Kaiserpinguine sind dafür ein Paradebeispiel: Aufopfernd brüten die Eltern, vor allem die Väter, bei extremer Eiseskälte über Wochen hinweg die Eier aus und füttern die Küken groß.

Für bessern Schutz vor Feinden brüten die Paare vieler Vogelarten in Kolonien. Doch wirklich fest verbandelt sind nur sie, selbst mit dem Nachwuchs oder Geschwistern bilden sie keinen festen Clan. Das ist bei manchen Säugetierarten anders, zum Beispiel bei den Bonobos. Diese Menschenaffen sind für ihre sozialen Beziehungen berühmt, vor allem, weil sie, wie es so schön heißt, Spannungen in der Gruppe gern mit Sex lösen. Doch das Bild von den zärtlichen und liebeseifrigen Zwergschimpansen will Bea Jarczewski so nicht stehen lassen. „Das sind sie ganz und gar nicht", sagt die auch für Bonobos zuständige Revierleiterin der Stuttgarter Wilhelma. „Die können auch mal richtig durchlangen und ihre Zähne einsetzen. Das passiert in der freien Wildbahn genauso wie im Zoo", berichtet sie. Da werde schon mal kräftig geschubst und getreten – oder auch gebissen. Und obwohl die Männer deutlich größer und schwerer als die Frauen sind, haben diese das Sagen. Die Chefin kann dabei ziemlich handgreiflich werden. „Da ist die Gefahr groß, dass mal ein Finger abgebissen wird", weiß Bea Jarczewski.

Eine lebenslange Beziehung braucht Pflege – bei den Rußköpfchen gehört auch die gegenseitige Federpflege dazu.

Affen trauern, lieben, führen Krieg – und sie sind neugierig. So scheint Affenkind Xhosa sich für den Fotografen zu interessieren, der ihn und seine Großmutter, die Bonobomatriarchin Kombote, hinter der Glasscheibe ablichtet.

Oma hat das Sagen

In der insgesamt 22-köpfigen Gruppe des Stuttgarter Zoos hat die Bonobo-Oma Kombote das Sagen – und das trotz oder gerade wegen ihres hohen Alters von 57 Jahren. „Sie macht das auch echt gut. Wir sind froh, dass wir sie haben, weil sie Ruhe in die Gruppe bringt", sagt die Revierleiterin. Sie kennt die Matriarchin, seit sie 1994 als Pflegerin angefangen hat: „Ich bin eigentlich unter Kombote groß geworden." Von ihr habe sie beim grundsätzlichen Umgang mit Bonobos sehr viel gelernt. „Kombote zeigt einem sehr deutlich, was man darf und was nicht – oder was geduldet wird." Als sich die beiden dann näher kennengelernt haben, durfte die Pflegerin ein bisschen mehr machen. „Wir haben ein sehr gutes Verhältnis, wir kennen uns in und auswendig", fasst Bea Jarczewski ihre Erfahrungen mit Kombote zusammen.

Noch ist die Matriarchin unangefochtene Führerin der Wilhelma-Gruppe. War sie früher schon mal schnell dabei, unbotmäßige Gruppenmitglieder hautnah zurechtzuweisen, genügt heute meist ein strenger Blick, um diesen zu zeigen, wo es langgeht. Das wird auch respektiert: „Wenn es ans Futter geht, dann darf Kombote als Erste ran. Da traut sich niemand, ihr was wegzunehmen. Das gilt auch für Beschäftigungsmöglichkeiten, die wir platzieren. Bei allem, was sie als Erstes macht, wissen die anderen, dass sie da die Finger wegzulassen haben."

Ein weiteres Zeichen für ihr unangefochtenes Matriarchat ist, dass sich die anderen Gruppenmitglieder permanent bei ihr einschmeicheln wollen. „Da geht es viel um die Fellpflege oder um das Sexualverhalten, etwa dass sie ihre Geschlechtsteile aneinander reiben." Das Grooming, umgangssprachlich Lausen genannt, werde bei ihr viel häufiger gemacht als bei anderen Gruppenmitgliedern. So häufig, dass ihr Rücken zunehmend kahler werde.

Auch von Beobachtungen aus freier Wildbahn ist bekannt, dass vor allem rangniedrigere Weibchen Sex anregen. So verschaffen sie ranghöheren Partnerinnen offensichtlich Lustgefühle – was die Zusammenarbeit mit ihnen erleichtert. So gesehen könnte man das liebesdienerische Anbieten von Sex als Teil einer Strategie rangniedrigerer Weibchen sehen, die Machtverhältnisse zu ihren Gunsten zu verschieben. Das fördert weibliche Koalitionen, mit denen sich die Männchen dann leichter in die Schranken weisen lassen.

Die soziale Herkunft zählt

Die Söhne ranghöherer Weibchen haben es in der Gruppe leichter als die Abkömmlinge mit niedrigerem Status. Das lässt sich derzeit auch bei Kombote hervorragend beobachten, zwar nicht mit ihrem eigenen Sohn, aber dafür mit ihrem Enkel. Den hat sie nämlich adoptiert. Als ihre Tochter Kamiti, die mittlerweile im Frankfurter Zoo lebt, 2018 ihr zweites Kind Xhosa nicht angenommen hat, war die Not groß: Wohin mit dem lebensgefährlich abgemagerten Baby? Man entschied sich, es mit der Stuttgarter Gruppe zu versuchen. Und das klappte tatsächlich: „Sobald Xhosa da war, hat Kombote das Zepter in die Hand genommen und sich entschieden, den Kleinen zu adoptieren", berichtet Bea Jarczewski. Weil die betagte Chefin nicht mehr selbst stillen kann, hat sie das Baby an den Rand des Geheges gebracht. Dort haben ihm die Pflegerinnen dann durch das Gitter hindurch das Fläschchen gegeben. „Als Sprößling der Ranghöchsten hat Xhosa nun einen tollen Stand. Er darf schneller ans Fressen oder an die Beschäftigung, ohne dass die anderen groß etwas sagen."

Überhaupt spielen Großmütter eine wichtige Rolle. Nicht nur bei den Bonobos tragen sie wesentlich zum Wohl der Großfamilie bei, auch bei den Orcas sind sie vor allem für ihre Söhne eine wichtige Lebensversicherung. Bei den matriarchalisch orientierten Schwertwalen führen in der Regel alternde Weibchen die Familie an – also die Omas. Forschende haben beim jahrelangen Beobachten von Orcafamilien vor der kanadischen Pazifikküste herausgefunden, dass die Todesrate von Orcabullen deutlich ansteigt, wenn ihre Mutter stirbt – vor allem wenn diese schon im Oma-Alter ist. Während die Todesrate von Söhnen, die jünger als 30 Jahre alt sind, gut dreimal höher lag, stieg sie bei noch älteren Söhnen auf bis zum knapp 14-Fachen.

Die Mütter wie auch die Großmütter helfen also offenbar gezielt ihrem männlichen Nachwuchs – weshalb die Forschenden auch gern vom „Müttersöhnchen-Effekt" sprechen. Dadurch können die Männchen ihre Gene besser und länger weitergeben. Sie paaren sich von Zeit zu Zeit mit Weibchen anderer Orcagruppen, kehren dann aber wieder in ihre eigene Familie zurück. Die Töchter bleiben dagegen die ganze Zeit in ihrer Gruppe. Auf ihre Überlebensrate hat der Tod der Mutter kaum einen negativen Effekt.

Auch für die Enkel ist der „Omaschutz" wichtig – ihre Überlebensrate steigt, wenn die Großmutter noch lebt. Die kümmert sich dann nach der Menopause oft noch viele Jahre lang zusammen mit ihren Töchtern um deren Nachwuchs, womöglich indem sie gezielt ihr Futter mit den Kleinen teilen. Die Aufgabe, liebevoll mit für die Enkelgeneration zu sorgen, trägt vielleicht mit dazu bei, dass weibliche Orcas 90 Jahre und älter werden können. Die Männchen leben dagegen nur 60 bis 70 Jahre.

Ganz Ähnliches gilt auch für die ebenfalls in matriarchalisch organisierten Großfamilien lebenden

An einem Schlangenbiss starb Elefantendame Eleanor. Ihre Herde ließ den Kadaver zwar während der Futtersuche allein, kehrte aber jeden Tag zurück, um in der Mittagshitze eine Art Totenwache zu halten.

Elefanten, nur dass hier auch die Omas noch eigenen Nachwuchs bekommen können. Wenn eine betagte Chefin allerdings stirbt, steht es um ihr Kind schlecht, vor allem, wenn dieses noch sehr jung ist. So berichtet die Forscherin Hannah Mumby in ihrem Buch „Elefanten" vom Tod der Matriarchin Eleanor in Kenia. Ein bewegendes Ereignis, bei dem die anderen weiblichen Elefanten der eigenen Familie wie auch nicht verwandter Clans der sterbenden Oma beistanden und dann auch noch Tage nach ihrem Tod Abschied von ihr nahmen. Männliche Elefanten zeigten dagegen keinerlei Interesse. Um Eleonors fünfeinhalb Monate junges Kalb war es nach dem Tod der Matriarchin schlecht bestellt. Es versuchte offenbar, bei anderen Weibchen Milch zu trinken, war damit aber nicht erfolgreich. Obwohl Babysitten durch andere weibliche Familienmitglieder bei Elefanten üblich ist, starb es nach rund drei Monaten – in diesem jungen Alter hatte es ohne eigene Mutter selbst in der fürsorglichen Großfamilie keine Chance.

Bei Wanderfalken kümmern sich beide Elternteile um den Nachwuchs. Und manchmal sogar drei, so wie in Mannheim. Dort zogen mehrere Jahre lang zwei Weibchen und ein Männchen gemeinsam ihre Küken groß.

Eigenschaften einer Matriarchin

Bei Elefanten sind Forschende auch der Frage nachgegangen, was eine Elefantenkuh zur Matriarchin macht. Im Amboseli-Nationalpark in Kenia haben die Wissenschaftler über viele Jahre hinweg Elefanten beobachtet und ihre Beziehungen untereinander studiert. Dort bestehen Elefantenherden aus bis zu 16 erwachsenen Weibchen mit ihrem mehr oder weniger jungen Nachwuchs. Manchmal finden sich Familien zu größeren Clans zusammen, die dann 50 und mehr Tiere umfassen können. Unter anderem die britische Forscherin Karen McComb hat Studien zur Rolle der Matriarchin als „Aufbewahrungsinstanz für soziales Wissen" durchgeführt. Diese erfahrenen Elefantendamen sammeln im Laufe ihres Lebens viel Wissen über ihre Artgenossen, aber auch über die Gefahren und Ressourcen in ihrem Lebensraum. So fanden die Forschenden beispielsweise heraus, dass ältere Elefantenweibchen sensibler auf männliches Löwengebrüll reagieren als jüngere und so die damit verbundene Gefahr für die Jungtiere besser erkennen. Auch bei der Interaktion mit anderen Elefantengruppen sind die erfahrenen Matriarchinnen im Vorteil: Sie alarmieren nur dann die Familienglieder, wenn wirkliche Gefahr droht – jüngere Anführerinnen neigen eher zu übertriebener Vorsicht.

Elefanten sind starke individuelle Persönlichkeiten. Wie bei Menschen gibt es auch hier geborene Führerinnen, die schon früh entsprechende Führungseigenschaften zeigen. Aber die Führerschaft will verdient sein: durch Mut, Umsicht und weise Entscheidungen insbesondere in Krisenzeiten. Dabei kann die Chefin auf ihr phänomenales Gedächtnis bauen, etwa für Orte, wo es auch in Dürrezeiten noch Wasser gibt. Hinzu kommt dank der sozialen Fähigkeiten eine pfiffige, auf die Familienmitglieder angepasste Taktik, wie man konfliktträchtige Situationen am besten löst. Für viele Elefantenkenner ist die Matriarchin also keine autokratische Führerin, die eine eher mehr denn weniger fügsame Familiengruppe leitet. Viel eher scheint die Chefin ihre Führungsstärke aus dem über Jahre aufgebauten Vertrauen und ihrer sozialen Vernetzung zu beziehen.

Orcas leben in Familienverbänden, angeführt von Frauen. Die Wale sind neben dem Menschen eine der wenigen Tierarten, bei denen die Weibchen in die Wechseljahre kommen. Ihre Söhne stellen die postmenopausalen Damen dann unter besonderen Schutz.

Herrschaft der Frauen

Ob Bonobos, Orcas oder Elefanten: Es ist auffallend, dass solche hoch organisierten und bestens vernetzten Familiengruppen von Weibchen angeführt werden. Natürlich gibt es auch patriarchalische Familienclans, etwa bei Schimpansen. Und bei den Pavianen regiert manchmal ein besonders starker Anführer mit ausgeklügelter Einschüchterungstaktik eine ganze Horde. Bei den matriarchalisch geführten Familienverbänden dagegen scheinen eher gemäßigtere Verhältnisse zu herrschen – was natürlich nicht heißt, dass es dort immer friedlich zugeht. Manchmal muss auch die Matriarchin ein Machtwort sprechen. Vergleiche mit menschlichen Großfamilien drängen sich da geradezu auf. Zwar ist bei Vergleichen von tierischem und menschlichem Verhalten stets Vorsicht geboten. Doch darf man sich durchaus seine Gedanken machen, wie sehr das Zusammenleben in der Familie bei Menschen und Tieren einander gleichen können.

Das gilt auch für ganz besondere Familienkonstellationen: etwa bei einer Gruppe Wanderfalken auf dem Turm der Konkordienkirche in Mannheim. Dort lebten vor wenigen Jahren ein Wandelfalkenmännchen mit seinem Weibchen und der Adoptivtochter der beiden zusammen. Diese war den Falkeneltern als Findelkind untergeschoben worden, in der Hoffnung, dass die Altvögel das fremde Küken zusammen mit ihrem eigenen Nachwuchs großziehen – was tatsächlich geklappt hat. Im darauffolgenden Jahr waren dann das Männchen und seine Adoptivtochter zusammen, ohne allerdings Nachwuchs zu haben. Ein Jahr später tauchte die Adoptivmutter wieder auf, und die Falken lebten zu dritt. Doch weil keines der beiden Weibchen beim Werben um die Gunst des Männchens nachgeben wollte, kam es für mehrere Jahre zu einer Ménage-à-trois. Die drei Falken kümmerten sich gemeinsam um die Jungen der beiden Weibchen und kuschelten auch zusammen. Als die Küken dann größer wurden, gingen die Altvögel auf Jagd. Ein Elternteil blieb aber immer bei den Jungen – ein Luxus, den sich ein Elternpaar normalerweise nicht leisten kann. Offensichtlich hat eine solche Dreierbeziehung auch Vorteile.

Wiebke Pfohl

Weggefährten

Im Herbst ist am Himmel ein beeindruckendes Naturschauspiel zu sehen: riesige Kranichschwärme. Doch wie bilden die Vögel, die sonst als Paare oder in Familienverbünden leben, diese viele Hunderte bis Tausende Vögel starken Schwärme?

Bis zum Zug leben Kraniche in Paaren oder in Familienverbünden. Im Herbst treffen sie sich an Sammelplätzen.

Laut trompetend ziehen sie im Herbst über Deutschland, große Schwärme in charakteristischen Keilformen: Kraniche, elegante Vögel mit langen Schwingen und Schleppe. Gemeinsam legen die Vögel weite Strecken auf verschiedenen Routen zurück. Weltweit gibt es 15 Kranicharten, von denen in Deutschland nur der Graukranich vorkommt. Kraniche in Deutschland nutzen den westeuropäischen Zugweg, der von Skandinavien, Mitteleuropa und dem Baltikum nach Frankreich und Spanien führt, wo die Vögel überwintern. Ein Schwarm ist dabei keine feste Einheit, die jedes Jahr aus den gleichen Vögeln besteht. Stattdessen leben Kraniche als Paare oder Familienverbünde zusammen. Die Schwärme formen sich am Tag der Abreise in die Winterquartiere aus Paaren, Familien und Gruppen von nichtbrütenden Vögeln.

Vor dem langen Zug treffen sich die Vögel an Sammelplätzen in der Region. Zwischenstopps machen sie außerdem an Rastplätzen, an denen sie Nahrung und ruhige, flache Gewässer finden, in denen sie im Stehen schlafen können. In Deutschland befinden sich wichtige Rastplätze für Kraniche auf dem westeuropäischen Zugweg. Bedeutsame Rastregionen sind etwa Rhin-Havelluch nordwestlich von Berlin oder die Diepholzer Moorniederung in Niedersachsen. Ob die Kraniche dann von Sammel- und

Rastplätzen direkt in den Süden weiterziehen, hängt von verschiedenen Faktoren ab.

Zunächst ist die Kondition der Kraniche wichtig. Denn für die langen Zugstrecken brauchen sie energiereiche Nahrung, um Fettpolster anzulegen. Auch das Wetter ist entscheidend. Haben die Kraniche Rückenwind, ist die Sicht klar und es gibt ein Hochdruckgebiet, kann man riesige Gruppen beobachten, die aus bis zu über 1000 Kranichen bestehen können. „So was sieht man an sogenannten Massenzugtagen. Dann kann es sein, dass gleich 20.000, 40.000 Kraniche oder noch mehr gleichzeitig über Deutschland ziehen", sagt Dr. Günter Nowald, Geschäftsführer von Kranichschutz Deutschland und Leiter des NABU-Kranichzentrums. Das Zentrum liegt in der Darß-Zingster Boddenkette in der Nähe von Stralsund, einem weiteren wichtigen Rastgebiet der Kraniche in Deutschland.

Unruhe, die mitreißt

Stimmen die Bedingungen, entwickeln die großen Vögel die sogenannte Zugunruhe. Die Kraniche tanzen, bleiben länger am Schlafplatz und kommunizieren lautstark. Kleine Gruppen testen dann die Zugbedingungen. „Und sobald die anderen Vögel, die auch Zugunruhe haben, sehen: Okay, das geht hervorragend. Dann starten die einfach mit, sie werden mitgerissen, das ist ein bisschen wie ein Herdentrieb", erzählt Nowald.

Aber auch Familienmitglieder und Partner spielen eine große Rolle für den Zeitpunkt, an dem die Kraniche losfliegen. Denn Kraniche geben ihren Zugweg nicht wie etwa die Mönchsgrasmücke über ihre genetische Information weiter. Kranicheltern müssen ihren Küken den Weg zeigen, aber auch wo es Sammel- und Rastplätze gibt und wo Nahrung und Schlafplatz zu finden sind. Der Rest der Familie bricht dann erst in den Süden auf, wenn die kleinen Kraniche gelernt haben, sich in der Umgebung zurechtzufinden.

Es kann passieren, dass eine Partnerin oder ein Partner oder aber ein Familienmitglied nicht in der Lage ist, in den Süden zu fliegen, etwa weil der Vogel verletzt oder seine Kondition noch zu schwach ist. Auch dann warten Partner und Familienmitglieder, bis der Kranich sich erholt hat. Kann der Vogel sich nicht erholen, bleiben sie bis zum letztmöglichen Zeitpunkt. „Es gibt genügend Beobachtungen, bei denen ein Partner bei seinem verletzten Partner geblieben ist, bis es nicht mehr anders ging, etwa wegen eines starken Wintereinbruchs. Oder bis der unverletzte Partner einfach abziehen musste, um selbst zu überleben", berichtet Nowald.

Allein ziehen Kraniche aber nicht, denn der Zug in der Gruppe hat entscheidende Vorteile. Dort sind die Vögel besser vor Raubtieren geschützt, etwa vor Steinadlern in Skandinavien. Außerdem verbrauchen die großen Vögel weniger Energie, wenn sie in der Gruppe fliegen. Ein Kranich fliegt dafür immer schräg hinter dem Vogel vor ihm. So entstehen die schönen Keilformationen, die man im Herbst am Himmel beobachten kann, wenn die Kraniche in den Süden ziehen.

Ab in den Süden: Kraniche fliegen in riesigen Schwärmen ins Winterquartier. Die Masse bietet ihnen Schutz und beim gemeinsamen Flug sparen sie Energie.

Ralf Stork

Jungs-WG

Ob Antilopen, Hirsche oder Elefanten – bei vielen sozialen Tierarten schließen sich die Männchen zu Junggesellengruppen zusammen. Im Vordergrund steht meist die Sicherheit, doch es geht auch um Freundschaften.

Vier Impalamännchen im Maasai Mara Nationalpark.

Es gibt Tiere, die sind echte Einzelgänger – Bären zum Beispiel: Die Gesellschaft von Artgenossen halten sie nur aus, wenn es sich partout nicht vermeiden lässt: zur Fortpflanzung. Nach der Paarung bleiben die Männchen ein bis drei Wochen in der Nähe des Weibchens, um aufzupassen, dass kein anderes Männchen der Bärin zu nahekommt. Dann ziehen sie sich wieder in die Einsamkeit zurück. Orang-Utans hangeln die meiste Zeit allein durch die Wälder Indonesiens. Auch Blauwale, Tiger und Jaguare bevorzugen ein solitäres Leben. Vor allem die Männchen. Die Weibchen müssen sich ja für einen längeren Zeitraum um die Aufzucht der Jungen kümmern.

Die meisten Vögel und Säugetiere aber sind soziale Wesen, die den Großteil ihres Lebens in Gruppen verbringen. Das Zusammenleben bietet viele Vorteile: Zwei Elterntiere können besser für den Nachwuchs sorgen als eines. Gemeinsam lassen sich Eindringlinge besser vertreiben und Beutetiere leichter zur Strecke bringen. Die Zugehörigkeit zu einer Gruppe oder Herde erhöht auch die individuelle Sicherheit: Wo viele Tiere zusammenleben, ist die Wahrscheinlichkeit höher, dass ein Feind frühzeitig entdeckt – oder, dass bei einem Angriff ein anderes Tier gefressen wird.

Wenn aber alle Tiere in ihren Geburtsgruppen bleiben, erhöht sich das Inzuchtrisiko. Deshalb wandern bei den meisten sozialen Arten Jungtiere ab oder werden vertrieben, wenn sie geschlechtsreif werden. Fast immer sind es die Männchen, die sich auf Wanderschaft begeben. Weibliche Tiere bleiben häufig in der Gruppe oder werden schnell von einer anderen aufgenommen. Das ist bei Zebras und Pferden so, bei den meisten Antilopenarten, bei Giraffen, Elefanten, Flusspferden, Hirschen, Wisenten und Kaffernbüffeln, Löwen und Schweinen. Für junge Männchen ist es gar nicht so leicht, wieder Anschluss zu finden. Entweder ist die Gruppe ein reiner Familienverband mit Müttern und ihren Kindern. Oder es gibt bereits ein einzelnes reproduzierendes Männchen, das kein Interesse daran hat, einen potenziellen Konkurrenten aufzunehmen.

Zusammenschluss von halbstarken Jungs

In Ermangelung an Alternativen schließen sich die Junggesellen dann eben selbst zusammen. Die Zugehörigkeit zur Junggesellengruppe (auch „bachelor herd" oder „all male group") ist meist zeitlich begrenzt, die Form des Zusammenlebens je nach Art unterschiedlich intensiv. In den meisten Gruppen besteht eine Rangordnung, echte Konflikte sind aber selten. Es gibt eben nichts, worum sich zu kämpfen lohnt: weder Weibchen noch ein Territorium. Die Gruppe ist eine Art Auffangbecken und Zwischenstation für die Männchen: Hier kommen Tiere zusammen, die schon zu groß sind für den Familienverband, aber noch nicht groß und durchsetzungsstark genug, um sich selbst fortpflanzen zu können. Manchmal kehren aber auch Männchen im Erwachsenenalter immer wieder zu den Junggesellengruppen zurück.

Bei Impalas zum Beispiel – mittelgroßen Antilopen, die im östlichen und südlichen Afrika zu Hause sind – bilden Weibchen mit ihrem Nachwuchs Gruppen, die durch ein größeres Streifgebiet ziehen. Während der Paarungszeit versuchen dominante Männchen, ein festes Territorium zu besetzen und zu verteidigen. Sie paaren sich dann mit allen Weibchen, die durch dieses Gebiet ziehen.

Nach der anstrengenden Fortpflanzungszeit schließen sich die Böcke wieder den Junggesellengruppen an. Dort können sie Kräfte sammeln bis zur nächsten Saison – und sich gegenseitig dabei helfen, Parasiten loszuwerden: Gegenseitige Fellpflege, das sogenannte Allopreening, ist bei vielen Antilopenarten bekannt. Meist sind es aber nur die miteinander verwandten weiblichen Tiere, die im Familienverband zusammenleben und die mit ihren Zähnen das Fell der anderen nach Zecken und anderem Ungeziefer absuchen. Bei den Impalas helfen sich auch männliche Tiere, die nicht miteinander verwandt sind. Wer in der Männergruppe lebt, hat also weniger Parasiten.

Hormonchaos bringt alles durcheinander

Auch bei Elefanten leben die halbstarken und auch die starken Bullen in Junggesellengruppen zusammen. Wenn sie im Alter von 14 Jahren in die Pubertät kommen, verlassen sie ihre Geburtsgruppe und versuchen, sich anderen Herden anzuschließen, aus denen sie aber nach immer kürzerer Zeit wieder vertrieben werden. Ab einem Alter von etwa 25 Jahren werden sie dauerhaftes Mitglied einer Junggesellengruppe. Dort gibt es eine klare Rangordnung. Anführer ist der stärkste und älteste Elefant der Gruppe. Die ranghöheren Bullen dürfen an einem Wasserloch zuerst trinken, während die rangniederen Tiere

Junge Elefantenmännchen schließen sich zu Gruppen zusammen. Doch einmal im Jahr spielen ihre Hormone verrückt und die testosterongesteuerten Männchen werden aggressiv. Dann gehen sie auf Frauensuche und verlassen meist kurzfristig ihre Junggesellengruppe.

Platzhirsch? Keineswegs! Rothirsche sind sehr sozial und leben fast das ganze Jahr in Gruppen zusammen. Einzig zur Brunft kämpfen die Männchen gegeneinander – um die Gunst der Hirschkühe.

warten müssen, bis ein Platz frei wird. Zum Gruppenverhalten gehören auch freundschaftliche Gesten wie Begrüßungen mit dem Rüssel oder Körperkontakt mit den Ohren.

Der ranghöchste Elefant hat nicht nur das Vorrecht auf den besten Platz beim Trinken oder Fressen, er ist auch ein Anführer, der innerhalb der Gruppe für Ordnung sorgt und den jüngeren Elefantenbullen beibringt, wie man sich in bestimmten Situationen verhält. Diese stabile Ordnung kommt durcheinander, wenn Hormone ins Spiel kommen: Erwachsene Elefanten geraten einmal im Jahr in einen Zustand, der Musth genannt wird und einige Wochen bis Monate anhalten kann. In dieser Zeit steigt der Testosteronlevel im Körper um das 60-Fache oder noch weiter an. Die Bullen werden dann so aggressiv, dass auch ranghöhere und stärkere Tiere ihnen aus dem Weg gehen und eine Auseinandersetzung vermeiden. In dieser Zeit verlassen die Bullen häufig die Gruppe und machen sich auf die Suche nach paarungsbereiten Elefantenkühen. Ist die Musth vorbei, gliedern sie sich wieder friedlich in die Gruppe ein.

Das Auf und Ab der Hormone spielt bei vielen Junggesellengruppen eine Rolle – etwa bei Robben und bei den meisten Hirscharten: Beim Rothirsch (*Cervus elaphus*) leben die Tiere fast das ganze Jahr über in nach Geschlechtern getrennten Gruppen. Die Hirschkühe formen zusammen mit ihren Kälbern und den einjährigen Jungtieren ein stabiles Rudel, das von einem Leittier angeführt wird. Auch die Hirsche schließen sich zu Rudeln zusammen, die allerdings weniger stabil sind und keinen festen Anführer haben. Jeder Hirsch weiß, wer in der Gruppe über ihm

Raben binden sich an feste Partner und schließen auch Freundschaften – in Notsituationen bitten sie die Freunde um Hilfe.

Schwarzspitzen-Riffhaie schließen sich zu kleinen Gruppen zusammen, in denen sie teilweise auch jagen.

und wer unter ihm steht. Die meiste Zeit über leben sie friedlich zusammen. Das ändert sich zur Brunftzeit, die in Norddeutschland meist im September beginnt. Die starken, geschlechtsreifen Hirsche ab fünf Jahren aufwärts zieht es dann zu den traditionellen Brunftplätzen, wo sie erbittert gegeneinander um die Gunst der Hirschkühe kämpfen. Nach dem Ende der Brunftzeit im Oktober gliedern sich alle Hirsche wieder friedlich in die Junggesellengruppen ein.

Freundschaft in der Männertruppe

Beim Zusammenschluss zu einer Gruppe spielen aber auch Aspekte eine Rolle, die über rein praktische, sicherheitsrelevante Vorteile weit hinausgehen. Bei Raben etwa schließen sich alle Jungvögel, die noch nicht geschlechtsreif sind und noch kein Territorium besetzt haben, zu Gruppen zusammen. Das bietet nicht nur Schutz, sondern dient auch der Entwicklung und dem Einüben von Sozialkontakten. Wissenschaftler der Universität Wien haben bei einer Gruppe frei lebender junger Raben beobachtet, dass die Vögel regelrechte Freundschaften eingehen, die sich später zu Paarbeziehungen verfestigen können. Einzelne Vögel halten mit bis zu drei Individuen in der Gruppe engen Kontakt. Die Freunde können sich dabei bei der Nahrungssuche oder bei Konflikten innerhalb der Gruppe unterstützen.

Bei anderen Raben, die in Volieren gehalten werden, haben die Wissenschaftler beobachtet, dass die Vögel auch zur Empathie fähig sind. Nach einer Auseinandersetzung trösten unbeteiligte befreundete Raben häufig den Unterlegenen, indem sie ihm das Gefieder kraulen oder mit ihm spielen. Die Verlierer suchen nach einer heftigen Auseinandersetzung auch aktiv Nähe und Körperkontakt zu ihren Freunden.

Raben mit ihrer ungewöhnlich hohen und auch sozialen Intelligenz sind ein extremes Beispiel. Aber vermutlich geht es bei allen Gruppentieren auch um ein gewisses Wohlbefinden, um Zugehörigkeit und freundschaftliche Kontakte zu anderen. Forscher der Florida International University haben herausgefunden, dass sogar Riffhaie so etwas Ähnliches wie Freundschaften eingehen können. Einige der als blutrünstige Bestien verunglimpften Fische wurden mit Sendern und zum Teil auch mit Kameras ausgestattet und über einen Zeitraum von vier Jahren beobachtet. Es stellte sich heraus, dass die Individuen immer wieder in die gleiche Gruppe zurückkehren und innerhalb der Gruppe klare Vorlieben für einzelne Individuen hegen.

Phoebe
Koppendorfer

Tierische Teams

Ob riesige Rentierherden mit 70.000 Mitgliedern oder kleine Vogelgruppen aus drei bis vier Tieren – bei vielen Arten schließen sich die Individuen zusammen. Aus ganz unterschiedlichen Gründen. So erhöhen sie ihre Überlebenschancen, kommen bei der Paarung leichter zum Zug oder können durch ihre Anzahl und Wachsamkeit effizienter Nahrung zusammentragen. Manchmal kennen sich die Tiere nicht und treffen sich nur einmal im Jahr, andere sind miteinander verwandt und leben ihr ganzes Leben in einer Gruppe. Die Tatsache, dass Tiere Gruppen bilden, zeigt ihre Anpassungsfähigkeit und die evolutionären Vorteile des Zusammenlebens in sozialen Verbänden.

Reisegruppen, Schlafverbände, Überwinterungsverbände

Einem Raubtier steht man lieber nicht allein gegenüber. Ob Büffel, Bitterlingsbarbe oder Bonobo – überall im Tierreich schließen sich Individuen zusammen, um sich besser verteidigen zu können. Das Getrampel Hunderter Beine, die sich plötzlich in alle Richtungen verteilen – dieser Anblick schüchtert ein und verwirrt. Und gemeinsam kann die Gruppe besser zurückschlagen. Viele Beutetiere zerstreuen die Aufmerksamkeit des Angreifers. So ist es für einen Wanderfalken schwieriger, eine Ringeltaube aus einem Schwarm von 30 bis 80 Tieren zu erbeuten, als eine einzelne Taube zu fangen. Die Tiere rücken auf der Flucht enger zusammen und die Wahrscheinlichkeit, dass ein Individuum gefressen wird, sinkt.
So wie Ringeltauben schließen sich Tiere aller Arten zusammen, um zu reisen. Krähen versammeln sich an bestimmten Plätzen, um im Schutz der Gruppe zu schlafen, und Lurche überwintern aus Gründen der Sicherheit in der Gesellschaft anderer.

Gruppenjagd und Futtersuche

Pelikane jagen in Hufeisenformation, gemeinsam treiben sie ganze Fischschwärme ins seichte Wasser. Allein müssten sie mühsam nach einzelnen Fischen angeln. Die gemeinsame Jagd hat aber noch weitere Vorteile: In der Gruppe sind auch junge, unerfahrene Tiere, die von ihren Artgenossen lernen und die Techniken bald selbst anwenden können. In der Gruppe zu jagen, ist eine Taktik vieler Tiere, ob bei Spinnen oder klassisch bei Wölfen und Schimpansen. Fehlende Schnelligkeit oder Kraft kann dabei durch die Masse der Jäger ausgeglichen werden. Wer schon einmal im Garten beobachtet hat, wie Hunderte Ameisen eine Hornisse bezwingen, versteht schnell, dass eine Gruppe leichter größere Beute erlegen kann als ein einzelner Räuber.

Fortpflanzung, gemeinsame Aufzucht der Jungtiere, Balz

Einmal im Jahr ziehen die Buckelwale in die tropischen Gewässer Afrikas, im September tummeln sich 30.000 Fledermäuse in den Basalthöhlen von Rheinland-Pfalz. Nie sonst treffen so viele Artgenossen aufeinander. Plötzlich in so einer großen Gruppe, schüttet der Körper der Tiere Hormone aus: Es wird getanzt, gebalzt und gepaart. Auch nach der Fortpflanzung kann das Zusammenleben mit Artgenossen nützlich sein. Von der Kinderkrippe bis zum Kindermädchen. Gemeinsam kann der Nachwuchs besser verteidigt werden. Bei der Futtersuche wechseln sich die Pinguinmütter ab, sodass der Nachwuchs nie unbeaufsichtigt ist. Das ist besonders wichtig, wenn Beutegreifer in der Nähe sind und Nistmöglichkeiten und Brutpartner rar sind. Die Helfer der Buntbarsche sind oft nicht mit den Bruteltern verwandt, helfen aber bei der Nahrungssuche und beim Transport der Eier. Sie leben in kleinen Gruppen um ein Brutpaar. So leben sie im Schutz der Gruppe und helfen bei der Fortpflanzung.

Altruismus – Wie kann ich helfen?

Ralf Stork

Das altruistische Gen

In der Natur gilt einzig das Recht des Stärkeren – er überlebt, pflanzt sich fort, gibt seine Gene weiter. So scheint es. Doch auch Tiere helfen einander. Was steckt hinter diesem scheinbar uneigennützigen Verhalten?

Geselliger Winzling: Schwanzmeisenpärchen werden bei der Jungtieraufzucht von bis zu acht Artgenossen unterstützt.

Die Natur, so scheint es, ist ganz auf Egoismus gepolt. Wer in ihr bestehen will, muss sich ohne Rücksicht auf Verluste durchkämpfen. Beute machen oder aufpassen, nicht selbst zur Beute zu werden. Der größte Konkurrenzkampf tobt innerhalb der gleichen Art. Schließlich rangeln die Artgenossen um exakt die gleichen Ressourcen: Vogeljunge haben keine Skrupel, ihre weniger durchsetzungsstarken Geschwister bei der Fütterung aus dem Weg zu drängen. Raubtiere, die gemeinsam jagen, werden versuchen, möglichst viel von der Beute für sich zu behalten. Wer genügend Nahrung hat, einen günstigen Schlafplatz, ein gutes Revier, verbessert die Chancen des eigenen Überlebens – auf Kosten der Artgenossen.

Überleben meint dabei nicht nur, ein möglichst hohes Alter zu erreichen. Es bedeutet vor allem, möglichst viele Gene an die kommenden Generationen weiterzugeben: Um die Gunst zu erlangen, sich mit möglichst vielen Weibchen paaren zu können, tragen die Männchen bei den Hirschen während der Brunft erbitterte Kämpfe aus. Männliche Löwen, die neu zu einem Rudel stoßen, töten oft sogar den Nachwuchs ihrer Vorgänger. Nach dem Tod der Jungen sind die Weibchen schneller wieder paarungsbereit. Dadurch erhöhen sich die Chancen des „Kindsmörders", möglichst viel eigenen Nachwuchs in die Welt zu setzen.

Evolutionär macht Egoismus Sinn. Er sorgt dafür, dass nur die Individuen, die perfekt an ihre Umwelt angepasst sind, überleben und sich fortpflanzen können. „Survival of the fittest" meint genau das: das Überleben der am besten angepassten Individuen.

Trotzdem gibt es bei vielen Arten Beispiele für scheinbar uneigennütziges Verhalten: Bei Schwanzmeisen zum Beispiel helfen bis zu acht Vögel dem Brutpaar bei der Aufzucht der Jungen. Die Arbeiterinnen der Honigbienen und anderer eusozialer Insekten füttern selbstlos die Brut der Königin durch, ohne sich jemals fortzupflanzen. Und Ratten, so hat sich in Versuchen gezeigt, befreien Artgenossen sogar dann aus einem Käfig, wenn ihnen dadurch eine große Portion Schokolade entgeht.

Altruismus scheint evolutionär wenig Sinn zu machen. Die Begünstigung eines anderen Individuums auf eigene Kosten müsste eigentlich den eigenen Fortpflanzungserfolg schmälern. Die Gene, die für das altruistische Verhalten zuständig sind, sollten mit den Altruisten ausgestorben sein. Weil sich altruistisches Verhalten aber bis heute erhalten hat, muss es evolutionär eben doch mit Vorteilen verbunden sein.

Eigennützig uneigennützig

Am deutlichsten wird das bei der Brutpflege: Bei Vögeln und Säugetieren inklusive des Menschen investieren Eltern sehr viel Energie in die Aufzucht ihrer Jungen. Das Verhalten ist einerseits altruistisch, weil die Eltern keinen unmittelbaren Vorteil davon haben. Andererseits ist es aber auch eigennützig, weil es dem übergeordneten Ziel der Weitergabe der eigenen Gene dient: Die aufopferungsvolle Pflege der eigenen Brut steigert deren Überlebenschance und damit die Chance, möglichst viele Gene weiterzuvererben.

So ähnlich verhält es sich auch bei den Bruthelfern im Insektenstaat oder bei den Schwanzmeisen. Die Helfer und Helferinnen pflanzen sich zwar nicht selber fort. Aber sie sind meist Verwandte ersten Grades der erfolgreichen Eltern, teilen mit diesen also 50 Prozent des Erbgutes. Wenn durch die Bruthilfe zum Beispiel vier Jungtiere erfolgreich großgezogen werden, gelangen genauso viele Gene der Helfer in die nächste Generation wie wenn sie zwei eigene Jungen großgezogen hätten. Es kann sich für die Weitergabe der eigenen Gene also durchaus lohnen, engen Verwandten beim Brutgeschäft zu helfen. Diese Form altruistischen Verhaltens wird Verwandtenselektion genannt.

Bei Primaten, Rabenvögeln und anderen höher entwickelten Tieren findet sich Altruismus auch bei nicht verwandten Individuen: Tiere geben einem Artgenossen etwas von ihrer Nahrung ab, wenn der andere hungrig ist, oder helfen ihm in einer Gefahrensituation. Sie verhalten sich also hilfsbereit, obwohl ihnen das für die Weitergabe der eigenen Gene erst einmal nichts nützt. Das altruistische Verhalten macht aus evolutionärer Sicht nur Sinn, wenn es sich um eine Wechselbeziehung handelt. Wenn also ein Tier einem anderen hilft, weil es davon ausgehen kann, dass der andere in Zukunft die Hilfeleistung erwidern wird. In Versuchen hat sich gezeigt, dass Primaten, Ratten, Krähen und Raben bevorzugt den Artgenossen helfen, die ihnen zu einem früheren Zeitpunkt auch schon einmal geholfen haben. Voraussetzung dafür ist, dass die Tiere häufig miteinander interagieren, dass sie die Individuen der Gruppe auseinanderhalten können und sich merken, wer ihnen früher schon mal geholfen hat. Solche gegenseitigen Hilfeleistungen werden reziproker Altruismus genannt. In Notsituationen verbessert das die Überlebenschancen der Individuen und langfristig dadurch auch ihren Fortpflanzungserfolg.

Sarkastisch könnte man einwenden, dass das vermeintlich altruistische Verhalten am Ende doch nur wieder Egoismus in Reinform ist. Andererseits ist es aber doch wirklich schön zu sehen, dass sich in Gruppen kooperatives Verhalten für alle auszahlt.

Joseph Scheppach

Retter in der Not

Buckelwale schützen Menschen, Robben und andere Tiere vor Angriffen von Orcas oder Haien. Was steckt hinter dem Rettungsverhalten? Mobben Buckelwale die Angreifer, um ihr Revier zu verteidigen? Oder handeln sie altruistisch?

Der Orca lugt aus dem Wasser, um zu sehen, wo seine Beute, eine Weddelrobbe, sich gerade befindet. Doch Hilfe naht: Buckelwale retten Robben häufig vor Orcas.

Vollkommen erschöpft hangelt sich Nan Hauser ins Boot. Sie ist tief beeindruckt von dem, was ihr eben widerfahren ist: Die Meeresbiologin hatte vor den südpazifischen Cookinseln einen Buckelwal gefilmt – und nicht bemerkt, dass ein gewaltiger Tigerhai sich bedrohlich näherte. Unvermittelt schoss der Wal auf sie zu. „Fast zehn Minuten lang hörte er nicht auf, mich mit seiner Flosse vor sich herzuschieben", berichtet die Forscherin. Als sie den Tigerhai schließlich entdeckte, wurde ihr klar, warum der Wal sich so verhielt. „Ich versuchte ruhig zu bleiben, um den Wal nicht zu erschrecken", so die Taucherin. Dann plötzlich hob sie der Gigant aus dem Wasser und versuchte, sie huckepack auf den Rücken zu setzen. Mit letzter Kraft erreichte sie schwimmend ihr Boot.

„Der Buckelwal hat mich vor dem Hai beschützt", ist Nan Hauser sich sicher. „Er hat mir das Leben gerettet." Die Profi-Taucherin hat sich nichts zusammengereimt. Sie ist Direktorin der Islands Whale Research-Organisation und hat ein aufregendes Video ihres Abenteuers vom Oktober 2017 ins Netz gestellt.

Diese Rettungsaktion hat eine heftige Diskussion unter Laien und Wissenschaftler entfacht: Sind Meeressäuger in der Lage, Dinge zu tun, die wir für altruistisch halten – nämlich anderen zu helfen, die in Not sind?

In der Biologie bezeichnet man ein Verhalten dann als altruistisch, wenn das gebende Tier einen Nachteil und das empfangende Tier einen Vorteil hat. Selbstloses Verhalten wurde unter Angehörigen ein und derselben Spezies bereits vielfach dokumentiert, doch vergleichbare Unterstützung über Artgrenzen hinweg wies man lange Zeit dem Reich der Fabeln zu. Doch inzwischen gibt es Berichte über Hunderte Vorfälle, in denen Buckelwale Robben und andere Wale sowie Seelöwen und Mondfische vor Schwertwalen beschützt haben.

Rettung einer Weddelrobbe

Wissenschaftlich bestens dokumentiert ist eine Rettungsaktion, die Robert Pitman beobachtet hat. Der Meeresökologe vom Washingtoner Forschungsinstitut „National Oceanic Atmospheric Administration" (NOAA) verfolgte im antarktischen Laubeuf-Fjord eine Gruppe von zehn Schwertwalen. Als die Orcas auf einer Eisscholle eine Weddelrobbe erspähten, setzten sie zu ihrer ausgeklügelten Jagdstrategie an. Sie schwammen in Formation und schlugen dabei gezielt große Wellen. Die Scholle geriet bedrohlich ins Schwanken, von den Rändern brach immer mehr Eis ab. Schließlich wurde die Robbe ins Wasser gespült – direkt vor die Mäuler der Orcas.

Doch bevor die Orcas zupacken konnten, tauchten an diesem Hochsommertag 2009 zwei Buckelwale auf. Wie Leibwächter umkreisten sie das verängstigt paddelnde Tier. Dann rollte sich einer der Wale auf den Rücken und warf sich die Robbe mithilfe seiner Flosse auf den Bauch. Dort lag sie in Sicherheit.

Die Forscher waren uneins: Handelte es sich hierbei tatsächlich um einen altruistischen Akt? Pitman ist davon überzeugt – spätestens seit er sah, wie Buckelwale bedrängte Robben unter ihren Brustflossen verstecken, um sie so vor Schwertwalen zu schützen. „Sie zeigen wirklich Altruismus – manchmal sogar auf die Gefahr hin, ihr eigenes Leben zu riskieren."

Doch skeptische Walforscher-Kollegen warnen davor, menschliche Eigenschaften wie etwa Mitgefühl auf Tiere zu übertragen. Beim aggressiven Verhalten der Wale gegen Prädatoren – „Mobbing" genannt – könnte es um etwas ganz Praktisches gehen: Orcas aus dem eigenen Jagd- und Paarungsrevier zu vertreiben. „Die Rettung anderer Beutetiere wäre dann eher nur ein Nebeneffekt", bilanziert nüchtern Biologe John Durban vom Southwest Fisheries Science Center in Kalifornien.

Forschung zu wehrhaften Buckelwalen

Um den Disput zu klären, analysierte eine Expertengruppe unter Pitmans Leitung insgesamt 115 Beobachtungen, bei denen Buckelwale und Schwertwale zusammen gesehen wurden. Die Ergebnisse der in „Marine Mammal Science" veröffentlichten Studie überraschten die Forscher. 57 Prozent der Konfrontationen gingen von den Buckelwalen aus. Sie störten die Schwertwale bei der Jagd. In den übrigen Fällen griffen die Orcas an. Sie hatten meist Buckelwalkühe mit ihrem Nachwuchs im Visier.

Bemerkenswert: Bei diesen Attacken fielen den Jägern nur wenige Kälber zum Opfer. Das Erfolgsrezept: Alle für einen, einer für alle! In einer Solidargemeinschaft nehmen die erwachsenen Buckelwale die Kälber in ihre Mitte – und kooperieren bei der Verteidigung.

Auch bei Gegenangriffen müssen ausgewachsene Buckelwale keine Angst vor Schwertwalen haben. *Megaptera novaeangliae* wird so lang wie ein Flughafen-Shuttlebus und dreimal so schwer wie ein Doppeldeckerbus. „Sie sind zu groß zum Scheitern", schreibt Tom Mustill. „Zudem ist ihre fünf Meter lange Brust-

Mutterliebe: Buckelwale haben eine intensive Bindung zu ihrem Nachwuchs. Orcas versuchen manchmal, ein Kalb zu erbeuten – meist ohne Erfolg.

Beim „Heat run“ kämpfen Buckelwalbullen um die Gunst einer Kuh. Ein brutales Unterfangen – aber nur bis der Sieger ermittelt ist.

finne der größte und mächtigste Arm in der Geschichte des Lebens auf der Erde“, so der Biologe in seinem Buch „Die Sprache der Wale“. Die Ränder ihrer Flossen sind nämlich mit hartschaligen, scharfkantigen Seepocken besetzt, so wirken sie wie gewaltige Säbel.

Mit Waffen unterstützen Tiere normalerweise vor allem Verwandte. Je näher die Tiere miteinander verwandt sind, umso eher erhalten sie Beistand. Ganz anders bei den Buckelwalen. Sie stehen sich untereinander bei in der Not – ob sie verwandt sind oder nicht. „Wenn sie dennoch ‚heldenhaft‘ anderen Buckelwalen zuhilfe kommen, dann ist das ein Hinweis, dass ihr Mitgefühl nicht bei Verwandten oder engen Freunden Halt macht“, schreibt der Physiker Volker Arzt in seinem Buch „Kumpel & Komplizen“. „Es hat sich verselbstständigt – ähnlich wie bei uns, wenn wir ‚wildfremden‘ Menschen nach einem Unfall helfen.“

Ähnlichkeit zwischen Menschen und Walen

Tatsächlich weisen neue Erkenntnisse auf verblüffende Ähnlichkeiten zwischen Menschen und Buckelwalen hin. Die neurologische Struktur ihres Gehirns lässt sich in Teilen mit der eines Menschen vergleichen, analysierte Patrick Hof. Mit neuer Bildgebungstechnik konnte der Neuroanatom von der New Yorker Mount Sinai School of Medicine Nervenzellen nachweisen, die bislang nur bei Vorfahren der Hominiden, also bei Menschenaffen und Menschen, gefunden wurden. Die sogenannten Spindelzellen sind nach Ansicht des Forschers für die Wahrnehmung und Kommunikation

Gemeinsame Jagd: Buckelwale erzeugen in der Gruppe eine Art Netz aus Luftblasen und fangen so ganze Fischschwärme.

Buckelwale leben in festen Gruppen und haben eine komplexe Kommunikation entwickelt. Sie stoßen nicht nur kurze Laute aus, sondern singen auch bis zu mehrere Stunden andauernde Melodien.

verantwortlich. Sie könnten dazu beigetragen haben, dass Buckelwale außergewöhnliche Eigenschaften entwickelt haben. „Ungewöhnlich für kooperierende Säugetiere ist, dass die Walteams über Jahre und Tausende von Kilometern hinweg feste Konvois bilden", schreibt Autor Mustill, der hier Freundschaften vermutet. Wissenschaftler allerdings sprechen etwas sachlicher von „stabilen langjährigen Zusammenschlüssen".

Wie immer man den sozialen Verbund auch nennen mag – er macht etwas Erstaunliches überhaupt erst möglich: kooperatives Jagen mit netzartigen Strukturen aus Luftblasen. „Diese eng koordinierte Jagd sieht so aus, dass sich zwei bis vier Buckelwale zu einem Team zusammentun, um einen ganzen Fischschwarm zu fangen", erklärt Ari Friedlaender von der University of California. Er hat die Jagd der Wale mit Kameras aufgezeichnet, die er mit Saugnäpfen auf den Tieren befestigte. „Sie kreisen die Fische mit Wänden aus Luft ein und treiben sie mit Luft-Klumpen gleichzeitig an die Oberfläche", so der Walexperte. „Dort macht sich das gesamte Walteam schließlich vereint daran, seine Beute in Tausendermengen zu verschlingen."

Übertroffen wird dieses prosoziale Verhalten durch die Fairness, die die Tiere bei dem blutigen Wettstreit um eine Partnerin an den Tag legen, dem sogenannten „Heat run". Bei diesem hitzigen Wettlauf einer Männergruppe um die weibliche Gunst der Kuh, pflügt die Meute stundenlang mit bis zu 16 Stundenkilometern durch die Wellen. Es ist ein Hauen und Stechen, bei dem sich die Bullen verletzen. „Doch sobald der Sieger ermittelt ist, geschieht etwas völlig Überraschendes", so Fabian Ritter, Meeresbiologe bei der Berliner Whale and Dolphin Conservation (WDC). „Die anderen Wale stützen den Wal, um ihn in einer günstige Position für den Geschlechtsakt zu halten. Schließlich ist es nicht ganz einfach, unter Wasser den Geschlechtsakt erfolgreich zu vollziehen."

Je mehr die Walforscher über Buckelwale herausfinden, umso mehr geraten sie ins Staunen. „Sie kommunizieren über ein gewaltiges Gesangsrepertoire, erkennen ihre eigenen Gesänge wieder und erfinden neue. Sie bilden auch Koalitionen, um Jagdstrategien zu planen und bringen diese den jüngeren Mitgliedern bei", weiß Patrick Hof. Er ist überzeugt: „Buckelwale haben ein soziales Netzwerk entwickelt, das dem von Affen und Menschen ähnelt." Wenn das so ist, dann spricht nichts dagegen, dass Buckelwale fähig sind, wirklich selbstlos zu handeln.

Stephanie
Eichler

Die ganze Affenbande hilft

Ist Helfen eine rein menschliche Angelegenheit, oder kommt sie auch im Tierreich vor? Forschungen zeigen: Auch Schimpansen helfen – und dabei ist es gleich, ob sie dafür belohnt werden oder nicht. Offenbar war die Fähigkeit zu kooperieren schon in unseren Vorfahren angelegt.

Sie führen Kriege, nutzen Werkzeuge und helfen einander – viele Verhaltensweisen sind Schimpansen und Menschen gemein. Auch das Erbgut der Primaten gleicht dem unsrigen zu 98 Prozent.

Ein Schimpanse sitzt auf einem Plastiktisch, den seine Ziehmutter, eine Pflegerin, putzt. Der Schwamm, den sie dafür nutzt, fällt ihr herunter. Die Frau streckt den Arm danach aus, doch sie erreicht ihn nicht. Da hüpft der Schimpanse zur Tischkante, greift nach dem Schwamm und gibt ihn der Pflegerin.

Ein Video dieser Szene ist Teil einer Studie, mit der ein Expertenteam um den Psychologen Felix Warneken (zum Zeitpunkt der Studie am Max-Planck-Institut für evolutionäre Anthropologie, heute forscht er an der University of Michigan) das Hilfeverhalten von drei Schimpansen des Leipziger Zoos untersucht hat. „Wir waren sehr überrascht, dass sie halfen", erläutert der Psychologe, „in der wissenschaftlichen Literatur herrscht die Ansicht vor, dass diese Art altruistischen Verhaltens etwas spezifisch Menschliches sei." Außerdem heißt es meist, dass die Fähigkeit zu helfen erst im Laufe der Sozialisation erworben wird. Doch Warnekens Studien weisen in eine andere Richtung: Auch nichtmenschliche Primaten helfen. Sie begannen wohl schon damit, lange bevor es die ersten Menschen gab.

Hilfetest bei Schimpansen

Doch um verlässliche Aussagen zu machen, mussten die Fachleute ausschließen, dass das Hilfeverhalten der Schimpansen auf die Interaktion mit dem Menschen, der Ziehmutter im Leipziger Zoo, zurückzuführen war. Aus diesem Grund testete Warneken zusammen mit dem Anthropologen Brian Hare und der Psychologin Alicia P. Melis in der Studie „Spontaneous Altruism by Chimpanzees and Young Children" mehr als dreißig Schimpansen, die zwar an den Kontakt mit Menschen gewöhnt waren, aber in einer Gruppe unter Artgenossen im Regenwald in Uganda lebten. Auch zu dieser Studie gibt es Videos: Zu sehen ist, wie ein Mitglied des Forscherteams dem Studienleiter einen Stock wegnimmt und ihn außer Reichweite ablegt. Der Versuchsleiter streckt den Arm danach aus. „Und zwar jedes Mal genau eine Minute lang", sagt Warneken. Er kann sich gut daran erinnern, dass er bei der Auswertung der vielen Videos einen Ohrwurm bekam, „denn auch die Laute, die der Versuchsleiter von sich gab, um auf sich aufmerksam zu machen, waren immer die gleichen." Um reproduzierbare Ergebnisse zu erzielen, müssen die Forschenden ein streng definiertes Setting einhalten.

Sie testeten mehr als 30 Affen, die sich jeweils auf der anderen Seite eines Gitters befanden, dort, wo der Stock abgelegt worden war. Darüber hinaus untersuchte das Team, wie sich die Tiere verhielten, wenn der Stock an derselben Stelle lag, der Versuchsleiter aber nicht danach griff, also keine Hilfe forderte. Obendrein klärten sie die Frage: Welchen Einfluss hat es, wenn die Affen für ihren Einsatz belohnt werden? Das Ergebnis: Die Schimpansen gaben dem Versuchsleiter den Stock, wenn er ihre Hilfe benötigte. „Und sie machten das häufiger, als wenn er keiner Hilfe bedurfte. Ob sie belohnt wurden, war egal", erläutert Warneken.

Auch Kleinkinder helfen

Diese Ergebnisse sind auch auf Kleinkinder übertragbar, wie der Forscher ebenfalls herausfand. In der Studie mit den 30 Schimpansen nahm er auch 30 Kinder im Alter von ca. 18 Monaten unter die Lupe. Auch diese Untersuchungen wurden filmisch dokumentiert. Sie zeigen den Psychologen beim Wäscheaufhängen. Ein Kleinkind sieht ihm dabei zu. Plötzlich fällt dem Professor eine Klammer herunter. Ein paar Sekunden lang bückt sich der Forscher vergebens danach. Doch dann greift das Kleinkind ein und bringt dem Forscher seine Klammer. „Kinder helfen schon, bevor sie sprechen können. Das ist ein Hinweis darauf, dass das menschliche Hilfeverhalten nicht nur auf die Sozialisation zurückzuführen ist", erläutert der Forscher. Trotzdem gilt in der Psychologie und der Anthropologie bis heute, dass das Hilfeverhalten eine Errungenschaft der Kultur sei und von Generation zu Generation in Form moralischer Codes weitergegeben

Bitteschön! Der Schimpanse gibt der Pflegerin den Schwamm. Sie hatte ihn vorher über den Rand des Tischs geschoben und schien ihn nicht mehr zu erreichen.

Beim Wäsche aufhängen fällt dem Forscher eine Klammer herunter. Das Kleinkind beobachtet die Szene, hebt die Wäscheklammer auf und reicht sie dem scheinbar hilflosen Mann.

werde. Warnekens Studien zeigen jedoch, dass es auch eine biologische Grundlage gibt, die erklärt, warum schon kleine Kinder in der Lage sind, Handlungsziele anderer Menschen zu erkennen und aktiv zu werden, wenn sie bemerken, dass jene ihr Ziel nicht erreichen.

Aus dem Mensch-Tier-Vergleich, für den Warnekens Kollege Brian Hare in Studien mit Bonobos zu vergleichbaren Ergebnissen kam, folgert der Fachmann: „Wenn wir und unsere engsten Verwandten, Schimpansen und Bonobos, Hilfeverhalten zeigen, ist davon auszugehen, dass es bereits in unserem gemeinsamen Vorfahren angelegt war, der vor ca. fünf bis sieben Millionen Jahren lebte."

Diese Forschungsarbeiten haben das Zeug dazu, mit falschen Annahmen aufzuräumen: Zum Beispiel heißt es in der Verhaltensökonomie, dass Menschen hauptsächlich egoistisch veranlagt sind und nur dann kooperativ handeln, wenn es für sie von Vorteil ist. Gleiches gilt in der Forschung bisher für Schimpansen: So geht zwar aus Studien hervor, dass diese mit ihren Artgenossen Futter teilen und einander trösten. Doch das wird damit erklärt, dass die Tiere dann kooperativ handeln, wenn es für sie von Vorteil ist, weil beispielsweise ein Teil der Gene, die auch der Helfende in sich trägt, an die nächste Generation weitergegeben werden. „Wir konnten allerdings zeigen, dass sich Schimpansen und Menschen auch dann hilfsbereit zeigen, wenn kein direkter Eigennutz damit verbunden ist", sagt Warneken.

Menschen sind selbstlos und egoistisch

Doch anders als bei Schimpansen wird das Hilfeverhalten beim Menschen im Laufe seiner Entwicklung komplexer: „Wachsen Kinder heran, lernen sie zum Beispiel, dass es nicht immer angebracht ist zu helfen", erläutert Warneken. Zum Beispiel kann es vorkommen, dass Helfende ausgenutzt werden. Mancher hilft nur, um dafür belohnt zu werden. Andererseits sind viele Menschen bereit, selbstlos für Hilfsbedürftige oder für Tiere zu spenden, die auf einem anderen Kontinent leben und die sie niemals in ihrem Leben gesehen haben. „Im Vergleich zu Tieren sind Menschen extrem in beide Richtungen", sagt der Wissenschaftler, „je nach Kontext können sie sehr kooperativ sein, aber auch außerordentlich egoistisch." Das findet sich nirgendwo sonst in der Natur.

Kleine Kinder schreiben Teamgeist groß

Schon Kinder ab drei Jahren verhalten sich fair. Anders als beim altruistischen Verhalten spielt dabei vermutlich der Einfluss sozialer Normen die größere Rolle. Das fand das Forscherteam um Felix Warneken heraus. Sie stellten zunächst fest, dass dreijährige Kinder Belohnungen gleichmäßig aufteilten, wenn sie zusammengearbeitet hatten. Fast zwei Drittel Kinder stellten sicher, dass jedes gleich viel bekam. Doch die Frage war: Ging es dabei um faire Zusammenarbeit oder honorierten die Dreijährigen jeweils nur den individuellen Beitrag jedes Kindes? Um das zu untersuchen, ließ die Doktorandin Katharina Hamann Dreijährige paarweise miteinander kooperieren, um Murmeln zu gewinnen. Mit Seilen konnten die Kinder gemeinsam an einem Block ziehen und schoben so vier Murmeln über einen Tisch, bis die Glaskugeln von der Tischkante herunterrollten. Gemeinsam gelangten die Kinder also an die Belohnung, allerdings fielen auf die Seite des einen Kindes drei Murmeln, während das andere Kind nur eine Murmel erhielt. Zum Vergleich gab die Doktorandin den Kindern eine Aufgabe, bei der sie parallel, aber einzeln arbeiten mussten: Jedes Kind setzte jeweils einen Block in Bewegung, sodass erneut Murmeln über die Tischkante rollten. Dem einen Kind fiel wieder eine Murmel zu, das andere erhielt drei.

Das Ergebnis: Die Dreijährigen waren meistens dazu bereit, die dritte Murmel abzugeben und machten das signifikant häufiger, wenn sie als Team zusammengearbeitet hatten, als unter individuellen Bedingungen. Die Kinder würdigten also die Tatsache der Zusammenarbeit.

Ist also auch Fairness im Menschen angelegt? Dazu forschte Alicia Melis von der University of Warwick, indem sie Schimpansen ähnliche Aufgaben gab wie den dreijährigen Kindern. Sie beobachtete, dass auch die Tiere in der Lage waren, die Aufgaben zu lösen, aber nur, wenn die Belohnungen vorab bereits aufgeteilt waren. Wenn sie im Nachhinein selbst hätten teilen müssen, ließen die Schimpansen der Studie die Finger von der Aufgabe. Anscheinend haben Schimpansen nicht die Fairnessnormen verinnerlicht, die dreijährige Kinder nutzen. Die Fachleute werten das als Hinweis auf die Rolle von gesellschaftlichen Normen, wenn es darum geht, als Team zusammen zu arbeiten.

Schon Kleinkinder helfen anderen – ein Hinweis darauf, dass Hilfeverhalten allein auf die Sozialisation zurückzuführen ist.

Wiebke Pfohl

Blutsschwestern

Vampirfledermäuse tragen ihren Namen nicht ohne Grund: Wie Graf Dracula trinken sie Blut. Von Tieren, manchmal auch von Menschen. Doch im Gegensatz zum skrupellosen Untoten sind Vampirfledermäuse sehr sozial. Sie bilden sogar Freundschaften und retten sich damit regelmäßig gegenseitig das Leben.

Achtung Blutsauger! Im Gegensatz zu Graf Dracula verschont der Gemeine Vampir Menschen jedoch meist.

Sie jagen in der Nacht, haben messerscharfe Zähne und trinken Blut. Weltweit gibt es 1462 Fledermausarten, nur drei davon ernähren sich vom roten Saft: Vampirfledermäuse. Diese drei Arten sind die einzigen Säugetiere, die sich ausschließlich von Blut ernähren. Sie sind in Amerika heimisch, hauptsächlich in Südamerika und Mexiko. Von den drei Arten ist der Gemeine Vampir am besten untersucht, da er wesentlich häufiger zu finden ist als der Weißflügelvampir und der Kammzahnvampir.

Bei der Auswahl seiner Beute ist der Gemeine Vampir nicht wählerisch. Am liebsten trinkt er von Säugetieren, verschmäht aber auch andere Tiere nicht. Beobachtungen im Freiland, im Labor oder auf Kamerafallen zeugen von dem breiten Nahrungsspektrum des Vampirs: von Hühnern und Seelöwen über Krokodile und Schlangen bis hin zu Humboldtpinguinen, Pumas und sogar einer anderen Fledermausart, der Jamaica-Fruchtfledermaus. Von Menschen trinken die Vampire dagegen nur sehr selten.

Ernährung von Vampirfledermäusen

Am liebsten genehmigen sich die Fledermäuse das Blut von Rindern. Die sind groß, tagaktiv, halten sich im Freien auf und können sich meist nicht gegen die kleinen Vampire verteidigen. Häufig leben Kolonien von Vampirfledermäusen daher direkt auf Kuhweiden, etwa in einem hohlen Baum. Kolonien findet man daneben auch in Höhlen, aber auch in alten Brunnen, Bergwerksschächten und verlassenen Gebäuden. Aufgrund der proteinreichen Ernährung der Fledermäuse ist es für Menschen nicht angenehm, solche

Quartiere zu betreten. Denn dort riecht es stark nach Ammoniak. „Das brennt wirklich in den Lungen, wenn man da keinen Atemschutz hat", berichtet Dr. Simon Ripperger, Gastwissenschaftler am Museum für Naturkunde, dem Leibniz-Institut für Evolutions- und Biodiversitätsforschung in Berlin. Der Forscher hat lange an Vampirfledermäusen geforscht, unter anderem auch am Smithsonian Tropical Research Institute in Panama und unter Vampirfledermaus-Koryphäe Professor Gerald Carter.

Der Körper der Vampirfledermäuse ist an die blutigen Mahlzeiten angepasst. Mithilfe einer Art sechstem Sinn etwa finden die Vampirfledermäuse die besten Stellen, um ihre Beute zu beißen. Dafür besitzen sie in der Schnauze Wärmesensoren, mit denen sie Infrarotstrahlung, auch Wärmestrahlung genannt, wahrnehmen können. Mit ihren Zähnen schlitzen die Vampire die Haut ihrer Beute auf. Ihr Speichel enthält Stoffe, die das Blut ihrer Beute langsamer gerinnen lassen, ihr Magen Enzyme, die das Blut verdauen können. Der Magen-Darm-Trakt der Flugtiere ist stark verändert, ihr Magen schlauchförmig, wodurch die Tiere etwa 20 bis 25 Milliliter Blut trinken können, für die kleinen Tiere eine beträchtliche Menge. Für die Rinder kein nennenswerter Verlust. Gefürchtet werden die Bisse der Vampire nämlich nicht etwa wegen des Blutverlusts, sondern weil die Tiere Tollwut übertragen können.

Dadurch, dass sich diese Fledermäuse ausschließlich von Blut ernähren, können sie kaum Fettspeicher aufbauen, so Ripperger. „Aus Blut, aus reinem Protein, Fettspeicher zu machen, ist sehr schwierig." Schon zwei bis drei Nächte ohne Futter können daher lebensbedrohlich sein. Um nicht zu verhungern, haben die Vampirfledermäuse eine ganz besondere Taktik entwickelt: Sie teilen Blut mit anderen Fledermäusen.

Lieblingsbeute: Rinder. Mit ihren scharfen Zähnen ritzen Vampirfledermäuse die Haut ihrer Beute auf und trinken dann das herausströmende Blut.

Teilende Vampire

Um zu beobachten, wie die Tiere Blut teilen, halten Forschende die Vampire in großen Flugkäfigen und füttern sie dort mit Blut vom Schlachthof. Dann nehmen sie bestimmte Fledermäuse aus der Gruppe heraus und füttern sie eine Nacht nicht. „Man gibt das Tier dann morgens früh wieder zurück, und es wird versuchen, von einem anderen Tier Futter zu kriegen", berichtet Ripperger. Um die Vampire zu unterscheiden, sind sie mit Ringen an den Flügeln markiert.

Die Fledermaus sucht dann Körperkontakt mit anderen Tieren, leckt ihnen an Mundwinkel und Gesicht. Manchmal muss der hungrige Vampir auch ein oder zwei andere Tiere anfliegen, bevor er gefüttert wird. Wie das aussieht, kann man gut in einem Video von Gerald Carter beobachten: Zwei Vampire hängen von der Decke des Käfigs, eng umschlungen. Sie tauschen einen feuchten Zungenkuss aus. Was dabei passiert: Die Fledermaus, die Nahrung gefunden hat, würgt Blut hoch und füttert die hungrige Fledermaus damit.

„Dieses Verhalten hat sich vermutlich daraus entwickelt, dass Mütter ihre Jungtiere mit Blut füttern", sagt Ripperger. Die Fledermausmütter säugen ihre Jungen sehr lange und müssen sie währenddessen an Blut gewöhnen. Diese Entwicklung könnte auch einer der Gründe sein, warum hauptsächlich Weibchen Futter austauschen. Einen weiteren Anteil daran könnte die soziale Struktur der Tiere haben. Männchen wandern ab, während Weibchen meist in der Region um ihren Geburtsort bleiben und somit ihr Leben lang ein festes Umfeld haben. Es könnte ihnen damit leichter fallen, stabile Beziehungen mit anderen Fledermäusen einzugehen.

Eine Vampirfledermaus füttert ihre hungrige Freundin mit Blut.

Freundinnen als Rettung in der Not

Denn eine Fledermaus teilt nicht mit jeder Artgenossin Blut. Dafür braucht es eine Beziehung, ähnlich einer Freundschaft, die sich langsam entwickelt. Ein Fachartikel von 2020, an dem auch Ripperger beteiligt war, beschreibt, wie das funktioniert. Möchte eine Vampirfledermaus eine solche Beziehung eingehen, wird sie zunächst Körperkontakt suchen und dann dazu übergehen, der anderen Fledermaus das Fell zu pflegen. Bei jedem Schritt kann die Fledermaus prüfen, ob das andere Tier an einer Beziehung interessiert ist. So kann sie das Risiko senken, ausgenutzt zu werden und selbst kein Blut zurückzubekommen. Wird das Interesse erwidert, steckt die Fledermaus immer mehr Zeit in die Fellpflege. Bis die beiden Vampire dann beginnen, gegenseitig Blut zu teilen. Eine hungrige Fledermaus kann dann von einer anderen Blut bekommen und den Gefallen in einer späteren Nacht erwidern. Mit diesem Geben und Nehmen können sich die kleinen Vampire gegenseitig das Leben retten.

„Dieses Verhalten beobachtet man in einer Kolonie zu einem großen Anteil zwischen verwandten Tieren", erklärt Ripperger. Die stärksten und verlässlichsten Beziehungen entstehen dabei zwischen Müttern und Töchtern. Ihre Verwandten zu füttern, bringt den Vampiren selbst auch einen Vorteil, da diese auch Teile ihrer Gene in sich tragen. Das Erstaunliche aber: Die Fledermäuse teilen Blut nicht nur mit Verwandten.

Denn Fledermäuse reproduzieren sich sehr langsam und haben so wenige Verwandte in einer Kolonie. „Zu einem sehr geringen Anteil sind es unverwandte Tiere,

Vampirfledermäuse leben in großen Kolonien. Mit manchen Artgenossen verstehen sie sich besonders gut und bilden echte Freundschaften.

die Blut teilen. Und hier wird es spannend", so Ripperger. Die aktuelle Theorie: Für die Vampire lohnt es sich, ein großes, breit aufgestelltes Netzwerk zu haben.

Beliebtheit als Überlebensvorteil

Unterschiedliche Vampirfledermäuse haben verschieden große Netzwerke, in denen sie Blut teilen. Ein größeres Netzwerk hat dabei einen wichtigen Vorteil. Wurde in einem Laborexperiment mit 30 Vampir-Weibchen ein wichtiger Partner eines Weibchens entfernt, hatten jene Fledermäuse mit den größeren Netzwerken weniger Einbußen bei der Nahrung, die sie erhielten. Ein großes Netzwerk reduziert also das Risiko, leer auszugehen, wenn die wichtigste Partnerin ausfällt, etwa weil diese auch keine Nahrung gefunden hat.

Freundschaften können den kleinen Vampiren also das Leben retten. Doch wie weit geht diese Freundschaft? Manchmal handeln die Fledermäuse auch scheinbar selbstlos. In einem Laborexperiment verwehrte ein Team um Carter einer Vampirfledermaus eine Nacht die Blutmahlzeit. Danach entließen sie die hungrige Fledermaus nicht einfach in den Flugkäfig, sondern stellten sie in einem kleineren Käfig auf den Boden des Flugkäfigs. Die Vampire hängen am liebsten an der Decke und gehen nur ungern auf den Boden. „Dann ist etwas Verrücktes passiert", erzählt Ripperger. „Ein Tier aus dieser Gruppe, das an der Decke hing, ist nach unten geklettert, über den Boden zu dem Tier in dem Käfig gelaufen und hat es durch die Gitterstäbe des Käfigs gefüttert. Ein großes Opfer von der fütternden Fledermaus."

Was passiert, wenn eine Fledermaus in einer Beziehung nicht mehr mitspielt und kein Blut mehr gibt? In Experimenten können Forschende diese Situation erzwingen. Doch wie die Fledertiere damit umgehen, ist noch unklar. Die kleinen Vampire – und ihre blutigen Freundschaften – bleiben spannend.

Wiebke Pfohl

Rettende Rufer

Wenn eine Gruppe Belding-Ziesel angegriffen wird, warnen manche Tiere ihre Artgenossen. Dabei bringen sie sich selbst oft in tödliche Gefahr. Der Grund dafür liegt in den Genen der kleinen Hörnchen.

Ein Belding-Ziesel späht im kalifornischen Yosemite-Nationalpark nach Feinden.

Ein Kojote schleicht durch das hohe Gras, an niedrigen Büschen und Wüstensalbei vorbei. Sein Ziel: eine Gruppe Belding-Ziesel. Die grau-zimtbraunen Hörnchen werden nur bis zu 30 Zentimeter groß und sind mit den wesentlich größeren Murmeltieren verwandt. Die Tiere leben im Westen der USA, in hoch gelegenen Gebieten von Oregon, Kalifornien, Idaho, Nevada und Utah. Beobachten kann man sie allerdings nur im Frühjahr und Sommer, denn sie verbringen bis zu acht Monate im Winterschlaf. Für den Kojoten sind sie ein willkommenes Fressen, er pirscht sich näher heran. Da entdeckt ein Ziesel-Weibchen das Raubtier. Sie stellt sich auf die Hinterbeine, sieht zum Angreifer. Dann reißt sie das Maul auf und stößt ein schrilles Trillern aus.

So könnte eine Begegnung der Belding-Ziesel mit einem Raubtier aussehen. Die sogenannten Rufer geben der Gruppe eine Überlebenschance, indem sie sich selbst in die größte Gefahr begeben. Denn sie machen den Angreifer auf sich aufmerksam und werden so von Raubtieren am Boden häufiger angegriffen und getötet. Dass die Rufer ein solches Risiko eingehen, hängt auch mit ihrem Geschlecht und der sozialen Struktur der Ziesel zusammen.

Paul Sherman, emeritierter Professor im Institut für Neurobiologie und Verhalten der US-amerikanischen Cornell Universität, hat die Ziesel und ihre Alarmrufe über mehrere Jahre untersucht. In einem vielzitierten Fachartikel von 1977 im Magazin Science beschreibt er, welche Tiere die Alarmrufe abgeben und dass diese nur scheinbar selbstlos sind. Über drei Jahre hinweg hat er dafür mit einem Team Belding-Ziesel markiert und beobachtet. Immer wieder erforschten Wissenschaftlerinnen und Wissenschaftler in den darauffolgenden Jahren Ziesel in der gleichen Region, nahe des Tioga Passes in der Sierra Nevada. Der Pass in dem kalifornischen Hochgebirge, auch eine Touristen-Attraktion, ist nur wenige Monate im Jahr schneefrei und befahrbar.

Greift ein Raubtier vom Boden aus an, sind die Rufer überwiegend Weibchen, schreibt Sherman. Weibliche Belding-Ziesel bleiben meist an ihrem Geburtsort, während Männchen in der Regel schon vor ihrem ersten Winterschlaf abwandern. Weibchen sind somit mit vielen Zieseln in ihrer Region verwandt. Und tatsächlich rufen Weibchen auch eher, wenn nahe Verwandte oder Nachkommen in der Nähe sind.

Rufen für die Gene

Sowohl Mütter und Töchter als auch Ziesel-Schwestern unterstützen sich gegenseitig – nicht nur mit Alarm-Rufen sondern auch beim Verteidigen von Revieren. Schützt eine Mutter etwa ihre Tochter, kann diese die gemeinsamen Gene weitergeben. Aber auch andere Verwandte zu schützen, kann den Belding-Zieseln nutzen. Wenn etwa ein Ziesel-Weibchen ruft, um seine Schwester zu retten, und dabei getötet wird, kann sie selbst sich zwar nicht mehr fortpflanzen. Doch die Schwester trägt einen Teil ihrer Gene und kann diese noch weitergeben.

Ganz anders sieht das Rufverhalten der Ziesel aus, wenn sie einen Angreifer aus der Luft sichten. Wie sich die kleinen Tiere dann verhalten, berichtet Sherman in einem Artikel von 1985. Flog etwa ein Präriefalke über eine Gruppe Ziesel, riefen Männchen und Weibchen gleichermaßen. Die Ziesel trillerten dabei nicht, sondern stießen kurze Pfiffe aus. Dabei war es auch egal, ob sich nahe Verwandte in der Umgebung aufhielten. Das Rufen hatte hier direkte Vorteile für die Rufer. Denn Ziesel, die riefen, überlebten häufiger als jene, die nicht riefen. Am häufigsten riefen jene Ziesel, die sich in der größten Gefahr befanden: Ziesel, die dem Falken am nächsten waren oder die am weitesten vom Unterschlupf entfernt waren. Sherman stellt die Theorie auf, dass das plötzliche Rufen und die daraufhin umherwuselnden Ziesel den Greifvogel möglicherweise verwirren.

Nicht immer reagieren die Belding-Ziesel mit Pfeifen auf Raubvögel und mit Trillern auf Raubtiere am Boden. Ein Artikel von 1981 zu Alarmrufen von Belding-Zieseln zeigt, dass die Ziesel in risikoärmeren Situationen Trillerlaute von sich gaben. Bei schnellen, risikoreichen Situationen dagegen pfiffen sie. Nähert sich also etwa ein Kojote rasch einer Gruppe Belding-Ziesel, stoßen diese auch mal einen Pfiff aus.

Der Belding-Ziesel warnt seine Artgenossen mit einem Schrei. Doch der Rufer macht damit auch den Angreifer auf sich aufmerksam.

Ökosystem – Auf gute Zusammenarbeit

Ockersterne an der Felsküste des Cannon Beach in Oregon, USA.

Sensibles Gleichgewicht

Ralf Stork

In jedem Ökosystem sind die vorkommenden Arten durch ein enges Beziehungsgeflecht miteinander verbunden. Das Verschwinden einzelner Spezies kann katastrophale Folgen haben und das ganze System zum Einsturz bringen.

Nicht, dass die Menschheit entschlossen handeln würde. Aber im Prinzip ist allen klar, dass der Klimawandel real und eine echte Bedrohung für das Überleben unserer und vieler anderer Spezies ist. Die Folgen der Erwärmung sind bereits deutlich zu spüren. Die Meeresspiegel steigen; und zwischen immer stärkeren Waldbränden und Wirbelstürmen jagt ein Hitzerekord den nächsten.

Es gibt noch eine zweite Großkrise, die unser Überleben bedroht, die aber noch nicht wirklich im Bewusstsein angekommen ist und deshalb auch kaum eine Alarmglocke schrillen lässt: der Verlust an Biodiversität. Nach aktuellen Schätzungen des Biodiversitätsrates der UN sind weltweit etwa eine Million Arten vom Aussterben bedroht. Und nach dem Living Planet Report des World Wide Fund for Nature (WWF) ist seit 1970 der Bestand an Säugetieren, Amphibien, Reptilien, Fischen und Vögeln um mehr als zwei Drittel zurückgegangen. Im Vergleich zum Klimawandel vollzieht sich die Artenkrise stiller. Ein Jahrhundertregen, der alles unter Wasser setzt, bleibt im Gedächtnis. Das Verschwinden einer unscheinbaren Insektenart bleibt dagegen eher unbemerkt.

Aber jede Art ist wichtig für ihr Ökosystem, ihr Verlust kann negative Folgen haben oder sogar zum Systemabsturz führen: In einem intakten Ökosystem sind alle Arten aufeinander abgestimmt. Es gibt zwar nicht unbedingt aktive Kooperation. Aber doch ein Netz von Abhängigkeiten und gegenseitigen Einflüssen, die zum Wohle aller für die Stabilität des Systems sorgen. Viele Ökosysteme sind multikomplex und bestehen aus Hunderten interagierenden Arten. Es gibt aber auch einfachere Systeme, an denen sich gut ablesen lässt, welche Folgen der Artenverlust nach sich ziehen kann.

Seestern-Versuch

Anfang der 1960er-Jahre konnte man den amerikanischen Wissenschaftler Robert Paine dabei beobachten, wie er in der Mukkah Bay im nordwestlichsten Zipfel des Bundesstaates Washington, USA, auf den rutschigen Felsen unterwegs ist. Wie er mit einem Stemmeisen handtellergroße orange- und lilafarbene Seesterne von den Muschelbänken abhebelt und sie

Spannendes Experiment: Robert Paine entfernte Seesterne von den Muschelbänken der Mukkah Bay und beobachtete, was mit dem Ökosystem passierte.

so weit wie möglich auf den Pazifik hinausschleudert. Die Seesterne der Art *Pisaster ochraceus* gehören zur Ordnung der Zangensterne, ernähren sich bevorzugt von Miesmuscheln und sind an der Westküste der USA häufig anzutreffen.

Paines Seesternwürfe waren Teil eines epochemachenden Experiments, das sich mit dem fragilen Gleichgewicht innerhalb eines Ökosystems beschäftigte. Er wollte herausfinden, was passiert, wenn eine (wichtige) Art aus dem Ökosystem verschwindet. Die Folgen für den Küstenabschnitt waren verheerend: Die Seesterne sind die Spitzenprädatoren im Küstengebiet, die an der Spitze der Nahrungspyramide stehen. Sie haben ein breites Nahrungsspektrum, das aus Seepocken, Käferschnecken, Napfschnecken, Schnecken und Muscheln besteht. Ohne ihren Fressfeind vermehrten sich zunächst die Seepocken stark und besetzten nach drei Monaten 60 bis 80 Prozent des vorhandenen Platzes. Ein Jahr nach Versuchsbeginn waren die Seepocken dann von Muscheln und Entenmuscheln komplett verdrängt worden. Kurze Zeit nach dem Verschwinden der Seesterne war das gesamte Ökosystem dramatisch verarmt. Von vormals 15 Arten waren nur noch 8 übrig geblieben.

Auf Grundlage seines Seestern-Experiments entwickelte Robert Paine das Konzept der Keystone Species, zu deutsch Schlüsselarten: Es besagt, dass einzelne Arten im Vergleich zu ihrer geringen Häufigkeit einen überproportional großen Einfluss auf die Artenvielfalt eines Ökosystems haben. Ein Keystone oder Schlussstein ist der letzte Stein, der in einen gemauerten Bogen eingesetzt wird. Er sorgt erst für Stabilität. Wird er entfernt, bricht die ganze Konstruktion in sich zusammen.

Ein weiteres Beispiel für eine Schlüsselart ist der Seeotter (*Enhydra lutris*), der ebenfalls an der nordamerikanischen Pazifikküste lebt. Zu seiner bevorzugten Nahrung gehören Seeigel und Muscheln, nach denen er im weichen Untergrund am Fuße der Seegraswiesen sucht. Seegraswiesen sind auf dem ansonsten wüsten Meeresboden ein Hotspot der Artenvielfalt: Sie dienen vielen Fischarten als Kinderstube oder Versteck vor Feinden. Die Seegrasblätter sind Nahrungsgrundlage für viele Kleinorganismen, die dann von größeren gefressen werden und immer so weiter. Ganz oben in der Nahrungskette steht der Otter. Wegen seines dichten Fells wurde er erbarmungslos gejagt und war Anfang des 20. Jahrhunderts beinahe ausgerottet. Wo die Otter fehlten, ging es auch den Seegraswiesen schlecht, weil sich die Seeigel unkontrolliert vermehren konnten und mit ihrem Appetit die Seegraswiesen zerstörten. Wo sich die Seeotter erholten, ging es dann auch den Seegraswiesen besser und das artenreiche Ökosystem konnte sich wieder voll entfalten.

Aus der jüngsten Vergangenheit gibt es neue schlechte Nachrichten für Seeotter und Seegraswiesen. Obwohl die Art seit 1910 unter Schutz steht und bis 1970 fast wieder frühere Populationsdichten erreicht hatte, gehen die Bestände im Nordpazifik teilweise dramatisch zurück. Anfang der 1990er-Jahre registrierten Forscher von der Universität Kalifornien

Seit die Seeotterbestände sich wieder erholen, geht es auch Seegraswiesen besser. Denn: Die Otter fressen Seeigel, die sich nun nicht mehr unkontrolliert vermehren können.

Seit Wölfe in den Yellowstone-Nationalpark zurückgekehrt sind, verändert sich dort das Ökosystem – zum besseren.

in Santa Cruz den Schwund zuerst bei einer kleinen Aleuteninsel westlich von Alaska. Die Zahl der Seeotter hatte dort seit 1990 jährlich um etwa ein Viertel abgenommen, bis sieben Jahre später nur noch zehn Prozent des Ausgangsbestandes übrig geblieben waren. Wie sich bei Beobachtungen zeigte, wurden die Otter von Schwertwalen gejagt und gefressen. Das ist insofern ungewöhnlich, weil Orcas und Seeotter zuvor jahrhundertelang friedlich nebeneinander gelebt hatten. Die Wissenschaftler vermuten akuten Nahrungsmangel als Auslöser für die neue Jagdstrategie der Wale: Normalerweise waren in der Region Robben ihre Hauptnahrung. Weil deren Bestände aber stark zurückgegangen waren, haben die Orcas ihr Beutespektrum um die wesentlich kleineren und deshalb weniger nahrhaften Otter erweitert. Der Rückgang der Robben hat vermutlich mit dem Rückgang der Fischbestände zu tun, für die wiederum der Mensch durch Überfischung verantwortlich ist. Man sieht: Selbst die vermeintlich einfache Nahrungskette in den Seegraswiesen wird durch eine Reihe externer, menschengemachter Faktoren beeinflusst.

Wölfe lassen den Yellowstone aufblühen

Neben den vielen, vielen dokumentierten Fällen von Ökosystemen, die aus dem Gleichgewicht geraten und verarmen, gibt es immerhin auch ein aktuelles Beispiel, wie ein Ökosystem aufblüht und sich verändert, wenn eine Schlüsselart zurückkehrt: Wie fast überall auf der Welt, waren in der ersten Hälfte des 20 Jahr-

Nicht alle profitieren von der Rückkehr der Wölfe. Waipitis gehören zu ihrer bevorzugten Beute. Doch durch die Abnahme der Hirsch-Bestände konnten wiederum viele Bäume sich erholen.

hunderts Wölfe auch im Yellowstone-Nationalpark in Wyoming, im Westen der USA, ausgerottet worden. 1995 wurden nach längerer Vorbereitung 31 Tiere im ältesten Nationalpark der Welt wieder angesiedelt: Wie komplex die Verflechtungen innerhalb eines Ökosystems sind, zeigt sich unter anderem daran, dass sich nach der Rückkehr der Wölfe die Fischbestände im Park erholten. Die Wölfe – da waren sich die Wissenschaftler einig – hatten eine trophische Kaskade ausgelöst: Die Rückkehr der Top-Prädatoren veränderte die Zusammensetzung der Arten von oben nach unten im gesamten System. Es ist ein Prozess, der immer noch anhält und in all seinen Facetten erst noch erkannt und analysiert werden muss.

Nachdem die Wölfe in den 1930er-Jahren ausgerottet waren, ließ der Jagddruck auf die Wapiti-Hirsche in Yellowstone deutlich nach. In der Folge vermehrten sich die Hirsche und veränderten auch ihr Verhalten: Sie wurden träger. Im Winter hielten sie sich oft an den Ufern der Gewässer auf, um sich von den jungen Trieben von Weiden, Espen und Schwarzpappeln zu ernähren. Die Bäume wurden dabei stark verbissen. Außerdem sind die Weichhölzer wichtige Winternahrung von Bibern. Weil die Äste aber schon von den Hirschen gefressen wurden, fehlte die Nahrung und der Bestand ging zurück. 1921 wurden in einem Teilgebiet (The Northern Range) noch 25 Biber-Kolonien gezählt, 1953 waren es nur noch 6. Eine Untersuchung aus dem Jahr 1996 schätzte den Gesamtbestand im Park auf 44 Kolonien. Bis 2007 hat sich die Zahl der Biberkolonien dann auf 127 erhöht. Ursache für diesen Trend, der trotz natürlicher Populationsschwankungen anhält, ist ein verbessertes Nahrungsangebot: Pappeln und Weiden haben sich in den vergangenen Jahrzehnten deutlich erholt. Die Wölfe – so die Erklärung – reduzierten die hohen Hirschbestände wieder auf ein natürlicheres Maß. Dadurch verringerte sich die Übernutzung vieler Pflanzen. Durch die Anwesenheit der Wölfe wurden die Wapitis wieder scheuer und wechselten nach kürzerer Zeit ihren Standort. Der Verbiss an den Weiden und Pappeln ging zurück.

Von den Bauten der Biber im Yellowstone-Nationalpark profitieren Fische, Otter und Wattvögel. Es gibt sogar Forscher, die die Rückkehr der Landschaftsarchitekten für noch wichtiger halten als die der Wölfe.

Die Biber fanden wieder genug Nahrung und konnten sich vermehren. Sie bauten mehr Dämme und stauten das Wasser so, dass in den Biberteichen zusätzlicher Lebensraum für Fische, Otter und Wattvögel entstand. Außerdem spenden die nicht verbissenen Bäume am Ufer der Fließgewässer wieder mehr Schatten, wodurch die Wassertemperatur sank, wovon wiederum Forellen profitierten.

Nicht jede Veränderung im Park lässt sich eindeutig den Wölfen zuordnen. Auch klimatische Veränderungen könnten theoretisch zu einer Erholung von Pappeln und Weiden beigetragen haben. Es könnten auch einzelne Biber in den Park eingewandert sein, die bis Mitte der 1990er-Jahre nördlich von Yellowstone ausgewildert worden waren. Aber einerseits liegt der Verbreitungsschwerpunkt der Biber an der Südgrenze des Parks, also nicht in der Nähe der Auswilderungsgebiete. Und andererseits zeigen Studien den direkten Zusammenhang zwischen den Größen von Biber- und Hirschbestand, Hirsch- und Pappel- beziehungsweise Weidenbestand sowie Wolfs- und Hirschbestand.

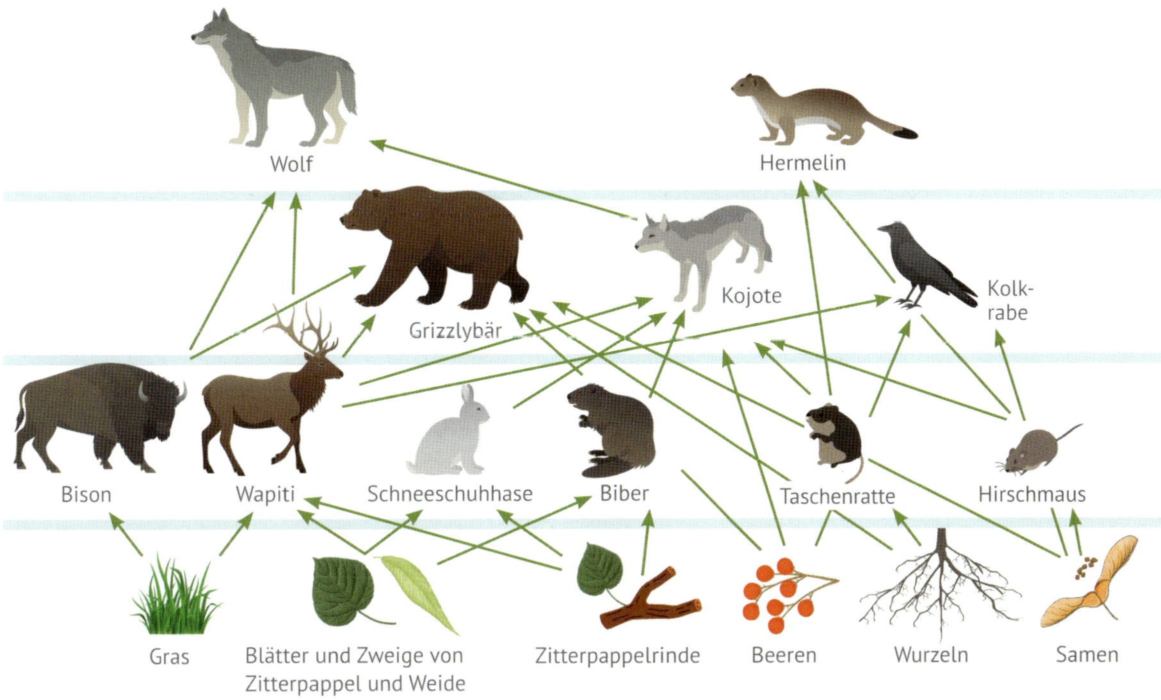

Selbst vereinfacht noch kompliziert: ein Nahrungsnetz der Wiesen und Wälder des Yellowstone Nationalparks. Die Pfeile zeigen, wer von wem gefressen wird.

Der Einfluss der Wölfe auf das gesamte Ökosystem ist also gut belegt, und er betrifft noch weitere Arten: Um der Nahrungskonkurrenz zu entgehen, haben sich Pumas wieder stärker in die Berge zurückgezogen. In der Abwesenheit der Wölfe vermehrten sich Kojoten stark. Weil im Nationalpark nicht gejagt werden darf, war die Populationsdichte eine der höchsten in den ganzen USA. Innerhalb von nur zwei Jahren nach der Rückkehr der Wölfe hatte sich der Bestand der Kojoten halbiert. Davon profitierten wiederum Hasen, die von den Kojoten gejagt wurden, und Füchse. Das Erstarken der Füchse hat Auswirkungen auf bodenbrütende Vögel und kleine Nagetiere, die zur bevorzugten Beute der Füchse zählen. Und wenn mehr kleine Nagetiere gefressen werden, verändert das die Häufigkeit, mit der bestimmte Wurzeln, Samen oder Früchte gegessen werden, und damit auch die Zusammensetzung von Pflanzengemeinschaften. Raben, Adler, Elstern, Vielfraße und viele andere Arten profitieren von den Kadavern, die die Wölfe liefern. Die Zahl der Bisons ist gestiegen, weil es weniger Hirsche als Nahrungskonkurrenten gibt. Die Zahl der Grizzlybären hat sich ebenfalls deutlich erhöht, von etwa 500 im Jahr 1995 bis heute auf mehr als 1000. Sie profitieren von den Rissen, die sie den Wölfen abjagen, und davon, dass es mehr Beeren zum Fressen gibt, weil die Zahl der Wapiti zurückgegangen ist.

Mehr Stabilität im Ökosystem

Für manche Arten – Wapiti und Kojoten zum Beispiel – haben sich die Lebensbedingungen durch die Wiedereinführung der Wölfe verschlechtert. Insgesamt aber ist durch die Wölfe wieder ein stabileres Ökosystem mit einer Vielzahl an Strukturen und Nischen und einer höheren Vielfalt und Vitalität der Arten entstanden.

Die Beispiele der Wölfe, Seeotter und Seesterne zeigen, wie wichtig einzelne Arten für ein Ökosystem sind. Das bedeutet im Umkehrschluss aber nicht, dass es bei anderen Arten egal ist, ob sie verschwinden oder nicht. Vermutlich sind deren Bedeutungen für das Ökosystem nur noch nicht so gut erforscht.

Ralf Stork

Wildnis in Deutschland

Es gibt sie nicht nur in fremden Teilen der Erde, sondern auch hierzulande: Wildnisgebiete, in denen sich die Natur frei entfalten kann. Doch obwohl Wildnis für die Artenvielfalt essenziell ist und Deutschland das erkannt hat, hinkt die Bundesrepublik weit hinter den selbst gesteckten Zielen her.

Wildkatzen leben in strukturreichen Wäldern mit kleinen Lichtungen, versteckten Waldwiesen und ruhigen, heckenreichen Waldrändern. Sie brauchen wilde Wälder, die es in Deutschland kaum noch gibt.

Wenn man an Wildnis denkt, hat man wahrscheinlich Nationalparks wie Yellowstone in den USA mit Geysiren, Grizzlybären, Wölfen und Bisons im Sinn. Oder den Kruger Park in Südafrika, in dem allein fast 150 Säugetierarten leben, darunter die „Big Five“: Elefanten, Nashörner, Büffel, Löwen und Leoparden. Grizzlybären und Elefanten hat Deutschland zwar nicht zu bieten, aber auch hier gibt es Wildnisflächen, in denen sich die Natur frei und ungestört entfalten kann.

Im Nationalpark Eifel etwa. Dort leben auf rund 11.000 Hektar Laubmischwald mehr als 10.000 Tier-, Pilz- und Pflanzenarten. Darunter Rothirsche, Biber, Wildkatzen, diverse Fledermausarten, Rot- und Schwarzmilane, Kreuzkröten oder Randring-Perlmuttfalter. 2300 Arten aus dem Nationalpark in der Eifel stehen auf der Roten Liste der bedrohten Tierarten Deutschlands oder Nordrhein-Westfalens.

Viele der Wildnisgebiete Deutschlands liegen aktuell in den 16 Nationalparks des Landes. Nach der Wende sind vor allem in Ostdeutschland auf ehemaligen Truppenübungsplätzen oder in Bergbaufolgelandschaften weitere große Wildnisflächen dazugekommen.

Naturräume zu schützen ist eine der drängendsten Aufgaben unserer Zeit. Denn aktuell steht rund ein Drittel aller Säugetiere, Vogelarten und Wildpflanzen auf der Roten Liste gefährdeter Arten. Für den Erhalt der Artenvielfalt, und damit im Endeffekt für uns selbst, sind Wildnisflächen unverzichtbar. Trotzdem werden weltweit jeden Tag 150 Arten ausgelöscht – zusätzlich zu den noch unentdeckten Arten, die unbemerkt aussterben.

Deutschland hat die Bedeutung von Wildnis für die Natur erkannt und sich vorgenommen, eine größere Zahl zusätzlicher Schutzgebiete zu schaffen. In der Nationalen Strategie zur Biologischen Vielfalt Deutschlands wurde 2007 festgehalten, dass bis 2020 zwei Prozent der Landesfläche Wildnisgebiete sein sollen. Doch dieses Ziel wurde deutlich verfehlt. Zum Stichtag waren es erst 0,6 Prozent. Und bis Ende 2023 sind keine nennenswerten Flächen dazugekommen. Denn: Neue Wildnisflächen außerhalb bestehender Schutzgebiete einzurichten, ist nicht einfach. Oft gibt es viele verschiedene, private Flächeneigentümer, mit denen im Vorfeld eine Einigung erzielt werden muss. Naturschutz ist Landessache. Deshalb gibt es auch keine zentrale Stelle, die die Schaffung von Wildnisgebieten vorantreibt und koordiniert. In den zuständigen Behörden fehlt häufig Personal für Planung und Umsetzung neuer Wildnisgebiete. Der ganz große politische Wille ist noch nicht zu erkennen.

Was ist Wildnis?

Der Begriff Wildnis ist nicht klar definiert. Für Wildnisgebiete hat aber das Bundesamt für Naturschutz verbindliche Regeln aufgestellt: Die Flächen sollen eine mindestens 1000 Hektar große, zusammenhängende Kernzone haben. Für Auwälder, Küsten und Moore sind auch 500 Hektar ausreichend. In der Kernzone kann sich die Natur ohne direkte Einflussnahme durch den Menschen ungestört entwickeln. Die Flächen müssen außerdem dauerhaft rechtlich geschützt sein, zum Beispiel durch Ausweisung als Nationalpark oder Naturschutzgebiet.

Primäre und sekundäre Wildnis

Eine primäre Wildnis ist eine Landschaft, die im Laufe der Zeit von menschlichen Einflüssen komplett verschont geblieben ist. Im dicht besiedelten Deutschland gibt es solche Flächen höchstens vereinzelt in den unzugänglichen Hochalpen. Eine Sekundäre Wildnis ist ein Gebiet, das vom Menschen geformt, aber später sich selbst überlassen wurde. Das können zum Beispiel ehemalige Wirtschaftswälder, landwirtschaftliche Flächen, ehemaliger Braunkohletagebau oder aufgelassene Truppenübungsplätze sein.

Wildnisgebiete verbinden

Die schönste Wildnis ist weniger wertvoll, wenn sie für viele Arten unerreichbar bleibt. Deshalb sollten alle Wildnisgebiete in einem Biotopverbund miteinander verbunden werden. Naturnahe Wanderkorridore und viele kleine Trittsteinbiotope sollen wandernden Arten helfen, zwischen den großen Schutzgebieten hin und her zu wechseln. Unüberwindliche Barrieren wie Autobahnen können durch die Anlage von Grünbrücken überwunden werden.

Die größten Bäume der Welt, die kanadischen Redwoods. Einige Küstenmammutbäume (*Sequoia sempervirens*) sind so alt wie die Bibel.

Das Internet des Waldes

Joseph Scheppach

An der Oberfläche sieht es so aus, als stünde jeder Baum für sich – doch unterirdisch ist der Wald durchzogen von einem Wurzelnetzwerk, das dem World Wide Web gleicht. Darüber können die Bäume kommunizieren und sich gegenseitig unterstützen.

Der Befund war verblüffend – und rätselhaft zugleich. Suzanne Simard hatte in den riesigen Redwood-Wäldern an der kanadischen Pazifikküste Bäume untersucht – und den Stickstoffgehalt gemessen. Die Biologin staunte: Sie fand ungewöhnlich hohe Mengen eines Stickstoffisotops, das sonst vor allem in Meeresalgen vorkommt.

Wie ist der Stickstoff aus der Mitte des Pazifiks, Tausende von Kilometern entfernt, in die Bäume gewandert? Mit wissenschaftlich detektivischer Akribie verfolgte die Professorin von der University of British Columbia den geradezu aberwitzigen Weg – und entdeckte eine bislang verborgene Welt.

Als sie ihre Ergebnisse 1998 in der Zeitschrift „Nature" veröffentlichte, tauchte auf der Titelseite ein neuer Begriff auf: „The Wood Wide Web", das Internet des Waldes. Wälder bedecken große Flächen des Planeten mit einem grünen Baldachin. Manche Ökologen betrachten dieses grüne Dach der Welt als einen achten Kontinent. Simard entdeckte im Boden unter den Baumkronen ein Ökosystem, das der neunte Kontinent sein könnte: ein artübergreifendes, komplexes Netzwerk.

Simards Suche nach dem Ursprung des marinen Stickstoffs begann logischerweise im Pazifik – bei Fischen. Sie ernähren sich von Algen und Phytoplankton. So reichern sie sich mit dem besonders schweren Stickstoff an, dem Stickstoff-15. Simards Geistesblitz: Unter den Fischen im Pazifik befinden sich auch Pazifische Lachse. Sie kehren jedes Jahr zum Laichen an die Westküste der Vereinigten Staaten und Kanadas zurück. Auf ihrem Weg stromaufwärts werden sie von Bären gefangen und gefressen. Die Überreste und der reichliche Kot der Tiere düngen die Bäume, die so mit Stickstoff-15 markiert werden.

Symbiose zwischen Pilzen und Bäumen

Doch damit war das Rätsel noch nicht ganz gelöst. Denn Bäume können einen Großteil des Stickstoffs gar nicht selbst verdauen. Sie sind auf Helfer angewiesen: spezialisierte Pilze. Diese verarbeiten den Stickstoff mit ihren eigenen Enzymen – und geben ihn an die Bäume weiter. Zudem liefern sie Mineralstoffe wie Phosphor und fördern die Wasseraufnahme von Bäumen. So decken Bäume bis zu 80 Prozent ihrer Nährstoffe mithilfe von Pilzen.

Doch der Pilz füttert und stärkt den Baum nicht aus Nächstenliebe. Er verlangt im Gegenzug Zucker und Kohlenhydrate, die Pflanzen bei der Photosynthese produzieren. Beim Tauschgeschäft verhandelt der Pilz knallhart: Bäume müssen bis zu einem Viertel ihrer gesamten Produktion abliefern. Unterm Strich aber profitieren beide Partner bei dieser Symbiose. Die Bäume können ohne Pilze nicht überleben und auch die Pilze würden allein verhungern. Sie sind auf Nährstoffe anderer Arten angewiesen.

Im Wald und auf Wiesen erscheinen Pilze manchmal als recht einsam. Doch der Eindruck täuscht: Der größte Teil von ihnen ist nicht sichtbar. An die Oberfläche ragt meist nur ihr Fruchtkörper, verborgen im Waldboden aber bilden sie weit verzweigte Netzwerke. Was wir für den Boden halten, ist in Wirklichkeit teilweise Pilz. Etwa ein Drittel bis die Hälfte der lebenden Masse des Bodens ist Pilz.

Für die Verkabelung zwischen Baum und Pilz führte 1885 der sächsische Biologe Bernhard Frank den Namen Mykorrhiza ein. Der Begriff ist ans Griechische angelehnt und bedeutet nichts anderes als „Pilz-Wurzel" (*mukês* für Pilz und *rhiza* für Wurzel). Das Netzwerk der verpilzten Wurzel besteht aus einzelnen fadenförmigen Strukturen, sogenannten Hyphen, die sich zu einem großen Myzel-Verbund formen. Die hauchfeinen Fäden ummanteln die winzigen empfindlichen Wurzelspitzen der Bäume und schützen sie dadurch vor Schädlingen. Zum Teil dringen Hyphen bis in die winzigen Leerräume zwischen den Wurzelzellen ein. Eine bemerkenswerte Verwischung zwischen Individuum und Art.

Mehr als tausend Mykorrhizapilze gibt es in Mitteleuropa, darunter so bekannte Arten wie der Fliegenpilz, Knollenblätterpilze, Pfifferlinge, Steinpilze und auch Trüffel. Die Dimensionen jedweden Pilznetzwerks sind gewaltig: Ein einzelner Pilz kann seine Fäden über mehr als hundert Quadratmeter ausbreiten. Der größte bekannte Pilz, ein Hallimasch unter Oregon, umfasst etwa die Größe von Zypern. Allein das Pilzgeflecht unter einem Hektar Waldboden bringt es auf etwa sechs Tonnen Gewicht und eine Gesamtlänge von schier unglaublichen 100 Millionen Kilometern.

Familienzusammenhalt bei Bäumen

Über die gigantischen Verbindungen werden nicht nur Mineralstoffe ausgetauscht. Auch Informationen werden von Baum zu Baum weitergeleitet; als chemische Signale in den Pilzen. Pilze sind demnach so etwas wie das Internet des Waldes. Doch nicht nur sie, auch die Bäume selbst sind Schlüsselkomponenten des Wood Wide Web. Und in ihm, so Simard, spielen große alte Bäume eine herausragende Rolle. Sie nennt diese den Wald tragenden Gestalten „Mutterbäume".

Dieses Wort gilt innerhalb des botanischen Diskurses als Vermenschlichung und damit als unwissenschaftlich. Doch seit Generationen machen unter Forstleuten Beobachtungen die Runde, die der Förster Peter Wohlleben so interpretiert: „Es ist offensichtlich, dass Baumeltern für ihren Nachwuchs eine so wichtige Rolle spielen, dass sie mit der menschlicher Eltern vergleichbar ist. Der Mutterbaum unterstützt seine Sämlinge über zarte Verbindungen mit Zuckerlösung, ein Vorgang, der unserem Stillen sehr ähnlich ist", schwärmt er in seinem Buch „Der lange Atem der Bäume". Tests mit radioaktiv markierten Substanzen belegen: Mutterbäume bevorzugen die eigenen Nachkommen. Ihnen wird mehr Kohlenstoff zugeführt als nicht verwandten Sämlingen. Woran sie den Nachwuchs erkennen, ist bislang nicht klar.

In der Fachliteratur ist die Bedeutung des Kohlenstoffflusses von einem größeren Baum zum Sämling

Das unterirdische Pilzgeflecht Mykorrhiza verkabelt Pilze und Bäume miteinander.
Bäume tauschen über dieses Netzwerk Informationen aus.

Tannen und Birken helfen einander: Sie tauschen Nährstoffe aus, wenn die andere Art in Not ist.

umstritten. Unumstritten ist, wie wichtig es für die effektive Mineralienversorgung des jungen Baumes ist, dass die Anbindung an das symbiotische Myzelnetzwerk schnell erfolgt.

Auch im späteren Leben helfen sich die erwachsenen Bäume. So tauschen sie etwa Nährstoffe. Davon profitieren beispielsweise Tannen, die im Schatten stehen. Weil sie nicht genügend Sonnenenergie erhalten, werden sie von ihren Nachbarn mit Kohlenstoff versorgt. Selbst anderen Arten hilft man in Zeiten der Not: So ernähren in heißen, trockenen Sommern zuckerreiche Birken junge Tannen. Diese revanchieren sich, indem sie die Birken im Frühjahr unterstützen, wenn deren Laub zu wachsen beginnt.

Das Kommunikationsnetzwerk der Pilze reicht bis hinauf zu den Blättern. Ihre wächserne Oberfläche ist mit Pilzzellen übersät, und sogar im Innern beherbergen Blätter zig Pilzarten. Untersuchungen zeigen: Ein Blatt, auf dem Pilze leben, ist wesentlich besser in der Lage, Pflanzenfresser abzuschrecken als ein Blatt, das nur aus Blattzellen besteht.

Ein Beispiel dafür sind Schirmakazien. Für die in Afrikas Savannen wachsenden Bäume sind die Giraffen die größten Feinde. Doch Akazien vermögen sich mit raffinierten Strategien zu wehren: Frisst eine Giraffe ihre Blätter, transportiert der Baum innerhalb weniger Minuten Gerbstoffe dorthin und macht die Blätter ungenießbar. Zudem werden durch das Zerbeißen der Blätter die gasförmigen Botenstoffe Ethylen und Jasmonsäuremethylester freigesetzt, der den Nachbarbäumen als Warnung dient. Auch sie lagern dann Tannin in die Blätter und Früchte ein.

Einen ähnlichen Mechanismus nutzen Weiden, Pappeln und Erlen: Sie alle warnen einander auf dem Luftweg vor Insektenüberfällen. Auch artübergreifend hilft man sich, wie Untersuchungen zeigen:

Schickt eine von Insektenfraß geschädigte Douglasie chemische Warnsignale aus, erzeugt daraufhin die in der Nähe wachsende Ponderosa-Kiefer insektenvertreibende Enzyme. Wer gut vernetzt ist, genießt also einen besseren Schutz.

Die Sprache des Waldes

„Der Wald ist von einem ständigen Summen unsichtbarer Zeichen und ungehörtem Geplapper erfüllt", staunt der britische Forscher James Bridle. „Es werden Entscheidungen gefällt, Vereinbarungen getroffen, Geschäfte gemacht und Verhandlungen abgebrochen", schreibt er in seinem Buch „Die unfassbare Vielfalt des Seins". „Das Erdreich ähnelt einem Marktplatz", resümiert US-Biologe David G. Haskell. „Die Wuzeln treffen sich dort zu einem Nahrungsaustausch und hören das Neueste aus der Nachbarschaft."

Schier unglaublich, aber wahr: Andrew Adamatzky ist es gelungen, diese Gespräche zu belauschen. Und dabei wollte er zunächst seinen Ohren nicht trauen. Denn die Kommunikation, stellte er verblüfft fest, ähnelt der menschlichen Sprache. Bei seiner Abhöraktion zeichnete der Informatiker mit empfindlichen Elektroden elektrische Impulse auf, die Pilze durch ihre *Hyphen* leiten, um Informationen zu verbreiten. Dabei entdeckte er Muster, „die den Impulsmustern von Neuronen in unserem Gehirn ähneln", so der Leiter des Unconventional Computing Laboratory der Universität in Bristol. Mehr noch: Bei linguistischen Analysen programmierte er die Signale so, als seien sie Silben und Wörter. Dabei entstanden Muster, aus denen der Forscher folgert: „Pilze haben ein beachtliches Vokabular. Manche beherrschen bis zu 50 Wörter."

Wenn gefräßige Giraffen sich an ihren Blättern zu schaffen machen, senden Akazien ihren Artgenossen eine Info. Die lagern dann Gerbstoffe in den Blättern ein, wodurch diese ungenießbar werden.

Seit Jahrmillionen kooperieren Bäume aufs Engste mit Pilzen. Nachrichten werden verschickt, Nahrung wird ausgetauscht. Wer viel hat, gibt ab; wer bedürftig ist, bekommt Hilfslieferungen. Diese von Pilzen orchestrierte Umverteilungsmaschine erinnert Autor Wohlleben „ein wenig an das Sozialhilfesystem, welches ebenfalls verhindert, dass einzelne Mitglieder unserer Gesellschaft zu tief abstürzen".

Gemeinsam stärker

Aber ist es nicht im Sinne der Evolution, dass Schwache Platz machen für Stärkere? Steht die Vorstellung vom Teilen von Ressourcen nicht im Widerspruch zu Darwins Konzept einer natürlichen Auslese? „Darwin wusste, dass der Wettbewerb nicht die einzige Art der Interaktion zwischen Pflanzen und Tieren ist", erklärt Simard. „Aber er hat diesen Aspekt einfach nicht so sehr betont."

Heute wissen wir: Bäume gleichen Schwächen und Stärken untereinander aus. Koexistenz stärkt den Fortbestand des Waldganzen und nützt der eigenen Art. Dies steht Darwins Kernidee vom Überleben der fittesten Arten nicht entgegen.

Erst allmählich erkennen Forscher, dass die Pilze so etwas wie die heimlichen Herrscher sind. Bekannt ist, dass sie für die allermeisten Ökosysteme unerlässlich sind. Neu ist, dass dies auch für ihre Rolle beim Klima gilt. Die Wälder dieser Welt müssen eine der gewaltigsten Herausforderungen bestehen: die Anpassung an den Klimawandel. „Dieser Prozess führt dazu, dass die Arten ihre natürlichen Toleranzen überschreiten. Pflanzenpopulationen müssen sich akklimatisieren, anpassen oder abwandern, um nicht auszusterben", erklärt Professor Mika Tarkka. „Da Pflanzen jedoch mit verschiedenen mikrobiellen Gemeinschaften zusammenleben, können diese zu einer erhöhten Klimatoleranz beitragen", so der Leiter des Departments Bodenökologie am Helmholtz-Zentrum für Umweltforschung in Halle an der Saale.

Um herauszufinden, wie stark die Anpassungsleistungen der Pilzgemeinschaft sind, vermehrt der Biologe im Labor kleine Eichen. Sie sind genetisch identisch mit den großen Eichen im Feld. So kann er mit kontrollierten Gewächshausexperimenten und Feldversuchen die Resilienz von Waldbäumen und ihren Lebenspartnern, den Pilzen, testen.

Dass Pilzgeflechte im Boden eine ganz besondere Rolle spielen, damit die Bäume auch schwierige Umwelt- und Standortbedingungen leichter bewältigen können, ist erst seit Kurzem klar. „Manche Pilzarten können Stickstoff trotz Wassermangels besonders effizient an die Bäume weitergeben", stellt die Göttinger Forstwissenschaftlerin Rodica Pena fest. „Andere Pilze dagegen sind in der Lage, Nährstoffe weiterzuleiten, auch wenn die Zuckerversorgung für sie gerade recht mangelhaft ist, weil etwa die Photosynthese wegen Lichtmangels nicht gut funktioniert."

Pilze als Klimaregulierer

Pilze reagieren aber nicht nur auf Klimaänderungen. Sie machen auch das Klima. Was dies für alle Lebewesen auf unserem Planeten bedeutet, zeigte sich bei einer ausgeklügelten Simulation. Forscher der University of Leeds versuchten, damit der Ursache für die Veränderung der Atmosphäre im Devon vor rund 300 Millionen Jahren auf die Spur zu kommen. Damals nämlich explodierte die Pflanzenwelt. Dies führte zu einem dramatischen Rückgang des Kohlendioxids in der Erdatmosphäre – bis zu 90 Prozent im Vergleich zur vorherigen Epoche.

Klar war: Ohne Phosphor – einen wichtigen Pflanzennährstoff – ist ein solch gewaltiges Wachstum unmöglich. Aber egal welch hohen Phosphorgehalt sie in ihre Simulationen einfließen ließen – es kam nicht zum erwarteten Ergebnis.

Erst bei mehreren Durchläufen stellte sich heraus: Entscheidend für die Üppigkeit der Pflanzenwelt war nicht einfach die Menge an Phosphor im Boden. Der Wert, der im Modell den größten Unterschied ausmachte, war die Mykorrhiza. Sie erst sorgte für die nötige Effizienz, mit der die Pflanzen den Phosphor aufnehmen konnten. Das gesamte Klimasystem hängt von Mykorrhiza-Verbindungen ab; alles Leben und alle Entwicklung des Lebens.

Mensch und Natur im Einklang

Wenn der Menschenvorfahre *Ardipithecus ramidus* seine Zähne zeigte, sah das nicht so gefährlich aus wie bei Schimpansen. Es glich dank kleinerer Eckzähne wohl eher einem Lächeln.

Soziale Wesen

Ralf Stork

Der Mensch hat sich in kurzer Zeit von einer gefährdeten Spezies zum Herrscher der Welt entwickelt. Dieser Aufstieg wäre ohne seine einzigartigen sozialen und kooperativen Fähigkeiten nicht möglich gewesen.

Als der *Australopithecus* sich als erster Menschenaffe vor mehr als drei Millionen Jahre auf die Hinterbeine stellte und fortan zweibeinig durchs Leben lief, war nicht einmal im Ansatz abzusehen, dass seine Ur-Ur-Enkel dereinst die Welt beherrschen würden. *Australopitheci* waren mit 1,40 Metern und 40 Kilogramm in etwa so groß wie Schimpansen und auch nicht wesentlich schlauer. Für Raubtiere waren sie eine leichte Beute. Im südafrikanischen Taung wurde sogar der rund 2,5 Millionen Jahre alte Schädel eines Kindes entdeckt, der mehrere Punktierungen aufweist. „Das Kind von Taung", das heute als eines der wichtigsten Funde der Paläoanthropologie gilt, wurde wahrscheinlich von einem Kronenadler erbeutet und in sein Nest verschleppt, bevor es 1924 in einem Steinbruch wieder ans Tageslicht kam.

Selbst der *Homo sapiens* war die längste Zeit seiner Entwicklung eine stark gefährdete Spezies. Zwar hatte er es vor mindestens 45.000 Jahren aus Afrika bis nach Europa geschafft. Dort lebte er aber lange Zeit in gefährlich kleinen Gruppen. Nach einer aktuellen Untersuchung der Universität Köln könnten in den Weiten Europas in der Zeit vor 42.000 bis 33.000 Jahren nicht mehr als durchschnittlich 1500 Menschen gelebt haben.

Heute sind es acht Milliarden auf der ganzen Welt. Von unseren nächsten Verwandten – Schimpansen und Bonobos – dagegen leben heute nicht mehr als 50.000 Tiere je Art. Auch sonst haben wir alle anderen Lebewesen an die Wand gedrängt: Der Mensch (36 Prozent) macht gemeinsam mit seinen Nutztieren (58 Prozent) heute rund 94 Prozent der Biomasse aller Säugetiere aus. Für Elefanten, Nashörner, Bären, Affen, Antilopen und den ganzen Rest bleiben da zusammen nur sechs Prozent übrig.

Irgendwann in den letzten paar Millionen Jahren müssen der *Homo sapiens* und seine Vorfahren also Fähigkeiten entwickelt haben, die sie deutlich von allen anderen Menschenaffen unterscheiden.

Klar, da ist das vergrößerte Gehirn. Doch zum großen Gehirn kam noch eine weitere wichtige Eigenschaft hinzu: Kein anderes Tier ist so sozial und kooperativ wie der Mensch. Beide Eigenschaften verstärken sich gegenseitig. Mit ihrem wachsenden Intellekt konnten die Frühmenschen immer ausgefeiltere Pläne schmieden – und dank ihrer sozialen Ader gemeinsam in die Tat umsetzen. Durch gezielte Zusammenarbeit konnte der Mensch über sich hinauswachsen und seine Schlagkraft potenzieren. Auch wenn sich das Kooperationsvermögen – anders als die Gehirngröße – schlecht an den Fossilienfunden ablesen lässt, gibt es eine ganze Reihe schlüssiger Indizien.

Glücksgefühle im Kopf

Ein Forschungsteam der Kent State University hat für eine 2018 erschienene Studie Proben des *Corpus striatum* – einer Region im Großhirn – von Menschen, Schimpansen, Gorillas, Pavianen, Makaken und Kapuzineraffen untersucht. Es fand heraus, dass die Konzentration von Dopamin im Striatum der Menschen deutlich höher war als bei Schimpansen und Gorillas. Die Acetylcholinwerte waren dagegen niedriger. Dopamin gilt als Glückshormon, das Vorfreude auslösen kann und große Auswirkungen auf die Stimmung und das Wohlbefinden der Menschen hat. Acetylcholin wird dagegen mit Dominanz und territorialem Verhalten in Verbindung gebracht. Die Verteilung beider Neurotransmitter spricht dafür, dass die Menschen im Laufe der Evolution soziale Signale immer besser wahrnehmen konnten und dass sich ein engerer Gruppenzusammenhalt bei abnehmender Aggressivität und zunehmender Empathie entwickelt hat.

Urzeit-Frauen könnten sich bevorzugt mit kontaktfreudigen, aber nicht so aggressiven Partnern fortgepflanzt haben. Männer, die gut mit anderen zusammenarbeiteten, könnten erfolgreichere Jäger und Sammler gewesen sein, was ihre Überlebenschancen und damit die Möglichkeit, ihr soziales Erbgut weiterzugeben, erhöht hätte. Nach Ansicht von Owen Lovejoy, einem bekannten Paläoontologen und Co-Autoren der Studie, könnte diese soziale Selektion schon zu einem sehr frühen Zeitpunkt der menschlichen Entwicklung eingesetzt haben. Ein Indiz dafür ist seiner Ansicht nach *Ardipithecus ramidus*, ein frühes Mitglied der menschlichen Familie, das vor 4,4 Millionen Jahren im heutigen Äthiopien gelebt hat. Im Vergleich zu Schimpansen – und ähnlich wie die sozial deutlich verträglicheren Bonobos – hatte *Ardipithecus* deutlich verkleinerte Eckzähne. Wenn er den Mund öffnete und seine Zähne zeigte, war das – so die Interpretation – keine aggressive Geste mehr, sondern bereits ein Lächeln, das Kooperationsbereitschaft signalisiert.

Werkzeuggebrauch mit Tradition

Werkzeuge wurden bereits vor 2,9 Millionen Jahren von unseren Vorfahren genutzt. Die ersten behauenen Steine entdeckte das Anthropologenpaar Lewis und Mary Leaky in den 1930er-Jahren in der Olduvai-Schlucht im Norden des heutigen Tansanias. Nach diesem Fundort wird die gesamte Epoche, die bis zu einer Zeit von vor etwa 1,5 Millionen Jahren reicht, Oldowan genannt. Hergestellt wurden die Werkzeuge von Vorfahren des *Homo erectus* (*Homo rudolfensis, Homo habilis, Homo ergaster*) und schließlich vom *Homo erectus* selbst. Anfangs waren sie kaum ausgefeilter als die von Schimpansen. Auch die Men-

Die Olduvai-Schlucht gilt als Wiege der Menscheit. Hier wurden Millionen Jahre alte Werkzeuge unserer Vorfahren gefunden.

schenaffen nutzen Steine als Hammer und Amboss, um hartschalige Nüsse zu knacken. Dabei kommt es immer wieder auch zu Abschlägen, die den ersten Menschenwerkzeugen sehr ähnlich sind.

Vor etwa 1,7 Millionen Jahren wurde die Bearbeitung der Steinwerkzeuge dann komplexer: Charakteristisch für die neue Epoche, das sogenannte Acheuléen, sind beidseitig bearbeite Faustkeile, die bereits größere Handwerkskunst und Symmetrie zeigen. Erstmals wurden für einzelne Tätigkeiten spezielle Werkzeuge hergestellt: neben Faustkeilen auch sogenannte Cleaver (eine Art großes Hackmesser) und Schaber. Die zur Herstellung nötigen Fertigkeiten müssen dabei von Generation zu Generation weitergegeben worden sein, wofür ein großer sozialer Zusammenhalt in der Gruppe nötig ist.

Außer den Werkzeugen finden sich auch Werkzeugspuren: Anfang dieses Jahrtausends hat ein Forscherteam von der Complutense-Universität in Madrid in der berühmten Olduvai-Schlucht einen 1,2 Millionen Jahre alten Knochen eines Büffels gefunden, der charakteristische Schnittspuren aufwies. Die Wissenschaftler kamen zu dem Schluss, dass das Tier mit Steinwerkzeugen zerlegt und sein Fleisch vom Knochen heruntergeschnitten worden war. Es gibt zwar ältere Knochen mit Schnittspuren, aber diese stammten von deutlich kleineren Tieren wie Antilopen. An die Großwildjagd haben sie sich also wahrscheinlich erst vor rund 1,2 Millionen Jahren herangewagt. Das geht nur durch Kooperation.

Steinwerkzeuge wurden in der frühen Acheuleikultur mutmaßlich vielseitig verwendet, etwa zum Schlachten, aber auch zum Schnitzen. Hier ist die moderne Nachbildung einer paläolithischen Steinhandaxt aus der frühen Acheuleikultur zu sehen, daneben die Gesteinssplitter, die bei der Herstellung des Beils aus einem größeren Steinblock entstanden sind. Das Original wurde in der Olduvai-Schlucht in Tansania gefunden.

Großwildjagd in der Gruppe

Im niedersächsischen Braunkohletagebau Schöningen wurden bei Ausgrabungen seit 1994 neun Holzspeere, eine Lanze, ein Wurfholz, Steinwergzeuge und unzählige Tierknochen gefunden. Mit einem geschätzten Alter von rund 300.000 Jahren handelt es sich dabei um die ältesten, teilweise komplett erhaltenen Jagdwaffen der Welt. Der Ausgräber Hartmut Thieme interpretierte die Fundstelle als Wildpferde-Jagdlager: Bei einem oder mehreren Jagden haben die Frühmenschen am Ufer eines Sees bis zu 20 Wildpferde zur Strecke gebracht, vor Ort zerlegt und verspeist. (Es wurde auch ein angekohlter Holzstab gefunden, der vermutlich ein Bratspieß war). Die Funde werden dem *Homo heidelbergensis* zugeordnet, einer Weiterentwicklung des *Homo erectus*, aus der in Europa später auch der Neandertaler hervorgegangen ist. Dass andere Menschen als der *Homo sapiens* offensichtlich schon vor 300.000 Jahren in der Lage waren, in derart organisierter Form auf die Jagd zu gehen, dass sie gleich eine Vielzahl großer Tiere erlegen konnten, galt bis dahin als ausgeschlossen.

Sprache als Kooperationswerkzeug

Das Ergebnis: Die Großwildjagd von Schöningen ist für viele Wissenschaftler ein Indiz dafür, dass die Jäger am See bereits eine Sprache gehabt haben müssen. Denn: Eine komplexe Gruppenjagd würde sich mit Sicherheit besser organisieren und durchführen lassen, wenn die Jäger und Jägerinnen miteinander reden könnten. Ein Beweis ist der niedersächsische Fund aber nicht. Und bis heute liegen die Vorstellungen, wann sich die Sprache entwickelt hat, zeitlich sehr weit auseinander: Einer weit verbreiteten Theorie zufolge soll sich Sprache erst vor etwa 60.000 Jahren beim *Homo sapiens* entwickelt haben. Dadurch – so die Argumentation – würde der große Entwicklungssprung erklärbar, den die Menschheit damals vollzog und der zu Bevölkerungswachstum und zur Auswanderung des Menschen aus Afrika in andere Kontinente geführt hat.

Forscher verschiedener Max-Planck-Institute vertreten dagegen die These, dass Sprechfähigkeit und die Entwicklung der modernen Sprache mindestens 500.000 Jahren zurückreichen. Von der Anatomie her hatte nämlich bereits der *Homo heidelbergensis* die Voraussetzungen, Töne wahrzunehmen und mithilfe des Kehlkopfs und des Zungenbeins Laute zu bilden.

In Gruppen konnten Steinzeitmenschen auch große Tiere erlegen.

Wissenstransfer

Mit einer Vielzahl von Tools ausgestattet – Intellekt, entwickelte Werkzeuge, Sprache und Kooperation –, hatte der frühe *Homo sapiens* irgendwann geistige und kulturelle Fähigkeiten entwickelt, die den unseren gleichen. Archäologische Funde zeigen, dass einzelne Gruppen im heutigen Südafrika, zum Beispiel am Pinacle Point und in der Blombos Cave, schon vor rund 100.000 Jahren im Feuer gehärtete Steinspitzen vermutlich als Pfeilspitzen verwendeten. Auch rote und ockerfarbene Pigment-Stücke mit deutlichen Abriebspuren wurden gefunden. Schon die frühen Pinacle-Menschen haben also wahrscheinlich Farbe benutzt, um sich selbst, ihre Werkzeuge oder ihre Höhle damit zu schmücken.

Die Ausbreitung der Menschen über die ganze Welt nahm aber nicht bei diesen hoch entwickelten Gruppen ihren Anfang, sondern – einige 10.000 Jahre später – im östlichen Afrika, wo die Menschen noch längere Zeit weniger hoch entwickelt waren.

Wissenschaftler der Universitäten Minho (Portugal), Huddersfield und Cambridge haben 2019 eine Studie zu ihrer Forschung veröffentlicht, die die Zuwanderung einer kleinen Gruppe aus dem südlichen Afrika nach Ostafrika über Untersuchungen der mitochondrialen DNA nachweist. Das Wissen der höher entwickelten Zuwanderer aus dem Süden könnte in der Folgezeit einen Modernisierungsschub in Ostafrika ausgelöst haben, der erst zum Bevölkerungswachstum und in der Folge zur Ausbreitung auf andere Kontinente führte. Offenbar hatten die Menschen schon vor mehreren 10.000 Jahren die Fähigkeit, sich opportunistisch neue Techniken und Fertigkeiten anzueignen und sich flexibel auf veränderte Situationen einzustellen.

Die Macht großen Gruppen

Die Fähigkeit zum Wissenstransfer zeigt sich im weiteren Verlauf der Menschheitsgeschichte immer wieder und immer schneller. Landwirtschaft, domestizierte Tiere, neue Werkzeug- und Waffenmodelle verbreiten sich schnell unter allen Populationen, die miteinander im Kontakt standen. „Schnell" ist dabei relativ. Die ersten Ackerbauern kamen vor etwa 9000 Jahren ins heutige Griechenland. Es dauerte dann aber ein bis zwei Jahrtausende, bis sich die Landwirtschaft über den Balkan, die Donau entlang bis nach Mitteleuropa ausgebreitet hatte. Je dichter aber das Netz der Menschengruppen geknüpft war, desto schneller konnte sich der Kulturaustausch vollziehen. Manchmal wurde nur die alte Technik durch eine neue abgelöst. Manchmal wurde aber auch die alte Bevölkerung durch die neue, technisch überlegene, verdrängt. Die frühen Ackerbauern hatten wegen der besseren Versorgungslage eine höhere Geburtenrate als die ureuropäischen Jäger und Sammler. Deshalb finden sich im Erbgut der Europäer im Durchschnitt auch mehr Anteile der Bauern als von den Jägern und Sammlern.

Mit der Etablierung der Landwirtschaft und der Sesshaftwerdung wurden die Gruppen immer größer: In Jericho haben vor etwa 10.000 Jahren schon 3000 Menschen zusammengelebt. Vor 5000 Jahren war die Bevölkerung in Ägypten auf rund zwei Millionen Menschen angewachsen, über die ein Pharao herrschte. Vor 2000 Jahren lebten in Rom dann schon bis zu einer Million Menschen. Die Entwicklung der Stadt am Tiber zeigt eindrücklich, wozu der *Homo sapiens* mittlerweile fähig sein konnte, wenn die Gruppe nur groß genug und gut organisiert war: Innerhalb weniger Jahrhunderte unterwarfen die „Römer" erst Italien und später den gesamten Mittelmeerraum, den Balkan, die Iberische Halbinsel, das heutige Frankreich, die heutige Türkei sowie Teile Großbritanniens und Deutschlands.

Das Problem mit dem Wir

Die Menschheit ist bis heute zu den tollsten Leistungen fähig: Dass eine Gruppe Menschen eine Rakete baut und zum Mond schießt, ist ein Symbol für den enormen Entwicklungssprung der vergangenen

Kunst und Kreativität gehören zum Menschsein dazu. In dieser Schale einer Meeresschnecke aus der Blombos-Höhle in Südafrika fand man Ockerreste. Steinzeitmenschen bewahrten hier vermutlich ihre Farbe auf.

2000 Jahre. Ohne die soziale Ader des Menschen wäre so etwas nicht möglich. Der Mensch kann gut mit anderen zusammenarbeiten. Er kann empathisch sein und sozial: Es gibt Knochenfunde, weit über 100.000 Jahre alt, von zahnlosen und buckeligen Alten, die offenbar über einen längeren Zeitpunkt von der Gemeinschaft mit durchgefüttert worden waren. Doch es gibt ein Problem: So sozial verhält sich der Mensch fast ausschließlich in der eigenen Gruppe.

Die Kraft der Gemeinschaft erwächst aus einem Wir-Gefühl, das zumindest implizit immer gegen eine andere Gruppe gerichtet ist. Auch die Römer haben ihre Macht nicht einfach so ausgedehnt, sie haben sie Stück für Stück gegen Samniten, Karthager, Gallier erkämpft. Für die globalen Herausforderungen, die sich uns heute stellen, brauchen wir aber unbedingt eine echte globale Zusammenarbeit. Die Menschheit muss sich dafür auf ihre einzigartigen geistigen Fähigkeiten besinnen und ein Konzept für ein echtes globales Wir entwickeln.

Die Herrmannsdorfer Landwerkstätten aus der Luft. Karl Ludwig Schweisfurth, Pionier der symbiotischen Landwirtschaft, gründete den Ökobetrieb 1987.

Mit vereinten Kräften

Kurt de Swaaf

Überall in der Natur verbessern Symbiosen Effizienz und Produktivität – wieso nicht auch in der Landwirtschaft?

Karl Ludwig Schweisfurth gilt hierzulande als ihr Vordenker. Der 2020 verstorbene Unternehmer leitete zwei Jahrzehnte lang die damals größte Wurstherstellungsfirma Europas und wurde dann zum überzeugten Biobauern. Im Zuge dieser Wende prägte er den Begriff „symbiotische Landwirtschaft". So wie auch in der Natur sollen verschiedene Arten von Nutztieren und -pflanzen einander durch ihr Zusammenleben fördern, meinte der Pionier. Das Konzept wird weiterhin erfolgreich umgesetzt, erklärt sein Sohn und Nachfolger Karl Schweisfurth heute. „Die Tiere profitieren auf vielfache Weise." Schweine zum Beispiel hält man auf dem Familiengut gern in Gemeinschaft mit Hühnern. Das Federvieh frisst Parasiten, Schädlinge und lästige Fliegen, während die massigen Vierbeiner ihre gackernden Nachbarinnen vor hungrigen Habichten und anderen Gefahren schützen. Der Tierkot düngt zudem den Boden. Die Schweisfurths lassen Hühner, Schweine und auch Schafe auf Obstwiesen weiden. Die Bäume gedeihen bestens; mobile Ställe sorgten dafür, dass kein Bereich überdüngt oder zu stark durch Grasen und Wühlen belastet wird. Das Vieh zieht einfach regelmäßig um.

Wenig Interesse an symbiotischer Landwirtschaft

Wie sich Schweisfurths Ansätze im Detail auswirken, wurde bisher leider nur wenig erforscht. Wissenschaftliche Publikationen gibt es kaum. Eine im vergangenen Jahr veröffentlichte Studie von Fachleuten der Universität München und der Veterinärmedizinischen Universität Wien zeigt immerhin auf, dass die Gemeinschaftshaltung von Schweinen und Hühnern nicht zu einer vermehrten Übertragung von Krankheitserregern führt. Ansonsten aber ist das Konzept „symbiotische Landwirtschaft" im deutschen Sprachraum nicht gerade ein heißes Thema. Fast niemand scheint es aktiv aufzugreifen oder gar weiterzuentwickeln. In Italien dagegen ist das Interesse größer; dort wird der Begriff etwas weiter gefasst. Man zieht nicht nur Tiere und Pflanzen, sondern auch Bakterien und Pilze in Betracht – eben alles, was auf und um den Hof lebt. Dieser ganzheitliche Blick soll helfen, die Bodenfruchtbarkeit zu erhöhen, Umwelt und Biodiversität zu schützen und die Qualität von Lebensmitteln erheblich zu verbessern. Eine Art Revolution also.

Das Potenzial ist tatsächlich enorm. Biologen definieren Symbiose als enges Zusammenleben von zwei oder mehr Spezies, die ihr Gedeihen gegenseitig aktiv fördern und die Lebensgemeinschaft durch besondere Handlungen erhalten. Die ganze Welt ist voll von solchen Beziehungen. Sie prägen Ökosysteme und sind

Schnabel an Schnauze leben Hühner und Schweine auf dem Hof von Karl Schweisfurth gut zusammen.

ein treibender Faktor der Evolution; wahrscheinlich haben alle mehrzelligen Organismen zumindest einige überlebenswichtige Partner, *Homo sapiens* inklusive. Ohne die Mikroben in unsere Darmflora blieben wir schließlich nicht gesund (dazu auch „Wir sind nicht allein", S. 22). Pflanzen wiederum kooperieren intensiv mit Bodenbakterien und Pilzen. Wie komplex und vielfältig Symbiosen wirklich sind, eröffnet sich der Wissenschaft erst nach und nach. In der Landwirtschaft hat man sie lange eher vernachlässigt. Das wollen einige Expertinnen ändern.

Mykorrhiza in der Landwirtschaft nutzen

Elisa Pellegrino ist eine von ihnen. Die Agrarökologin arbeitet am Forschungszentrum CSRC Sant' Anna in Pisa und untersucht dort die Rolle von Mykorrhiza – Symbiosen zwischen Pflanzen und spezialisierten Pilzen. Letztere sind in Wäldern weit verbreitet, auch der Pfifferling und die Steinpilze zählen zu dieser Gruppe. Doch die meisten Nutzpflanzen gehen ebenfalls Beziehungen mit Mykorrhizapilzen ein. Das fördert die Gesundheit der Gewächse und erhöht ihre Produktivität, wie Elisa Pellegrino erklärt. Die modernen, industriell geprägten Landwirtschaftsmethoden scheinen den Symbiosen allerdings oft zu schaden. Intensive Bodenbearbeitung, synthetische Dünger und Pestizide bekommen den Pilzen nicht. „Die Eingriffe verändern die Lebensgemeinschaften", sagt Pellegrino. Viele Arten machen sich buchstäblich vom Acker. Dasselbe gilt offenbar für Bakterien. So fand ein Forscherteam der University of Kentucky auf konventionell bewirtschafteten Mais- und Gemüsefeldern nur noch 97 Spezies von endophytischen Bakterien (solche, die symbiotisch im Gewebe der Pflanzen leben). Vergleichbare Flächen von Bio-Bauern beherbergten dagegen 239 verschiedene Arten.

Die Folgen des Schwunds wurden bisher kaum erfasst, betont Elisa Pellegrino. Man könne aber von erheblichen Auswirkungen ausgehen. Bakterien und Pilze zersetzen schließlich organisches Material, die

Auf dem Biohof von Karl Schweisfurth grasen die Schafe auf Obstwiesen – und düngen diese ganz nebenbei.

Luzerne blüht nicht nur schön, sie ist auch eine wichtige Futterpflanze.

darin enthaltenen Substanzen werden dabei remineralisiert und so für Pflanzen verfügbar gemacht. Mykorrhizapilze helfen bei der Aufnahme. Über ihre Fäden erweitern die Fungi Reichweite und Oberfläche der Wirtswurzeln. Dadurch bekommen die Pflanzen mehr Nährstoffe zugeführt und wahrscheinlich auch Wasser. Als Gegenleistung versorgen diese ihre Partner mit organischem Proviant, vor allem Kohlenhydraten. Soweit die eher simple Seite. In der sogenannten Rhizosphäre, dem Umfeld der Wurzeln im Erdreich, wimmelt es allerdings vor weiteren Mikroorganismen. Viele davon stehen im engen Austausch miteinander und nutzen den Pflanzen direkt oder indirekt. Manche der winzigen Nachbarn halten Krankheitserreger in Schach, andere produzieren sogar essenzielle Botenstoffe, sprich Phytohormone. Im Prinzip sind diese Lebensgemeinschaften eigene Miniatur-Ökosysteme. Ihre Erforschung kann entscheidend dazu beitragen, neue Strategien für eine umweltverträgliche Intensivierung der Landwirtschaft zu entwickeln, meint Elisa Pellegrino. Und alles im Bund mit der Natur.

Das Hauptinteresse der Wissenschaftlerin gilt einer weit verbreiteten Gruppe von Symbionten: den arbuskulären Mykorrhizapilzen, auch Glomeromycota genannt. Deren Fäden wachsen in die Zellen der Wurzelrinde hinein, was eine besonders intensive Partnerschaft ermöglicht. Den konkreten Nutzen haben Pellegrino und ihre Kolleginnen unter anderem in der Luzerne (*Medicago sativa*) untersucht. Die Forscherinnen wählten dafür einen konventionell bearbeiteten, tief gepflügten Acker aus, auf den sie im Herbst Glomeromycota-Sporen ausbrachten – drei verschiedene Arten einzelne und zwei Gemische. Anschließend wurde das gesamte Feld mit Luzerne eingesät. Der Versuch lief über zwei Jahren hinweg; zwei Mal im Jahr wurde geerntet. In jedem Frühling nahmen die Forscherinnen zusätzliche Proben, um die Besiedlung der Pflanzenwurzeln mit Mykorrhizapilzen zu überprüfen. Unter dem Mikroskop zeigt sich, dass die Lebensgemeinschaften offenbar bestens gediehen. Der Glomeromycota-Bewuchs nahm in allen Fällen stetig zu. Ein gutes Zeichen.

Bessere Ernte

Die positiven Auswirkungen der Symbiosen zeigten sich allerdings erst beim Erntegut. Im Vergleich zu unbehandelten Nachbarparzellen lieferten die mit Mykorrhizapilzen „geimpften" Flächen durchschnittlich 68 Prozent höhere Luzerne-Erträge. Wo Sporenmischungen statt Einzelarten ausgebracht wurden,

Palopuros agrarökologische Symbiose

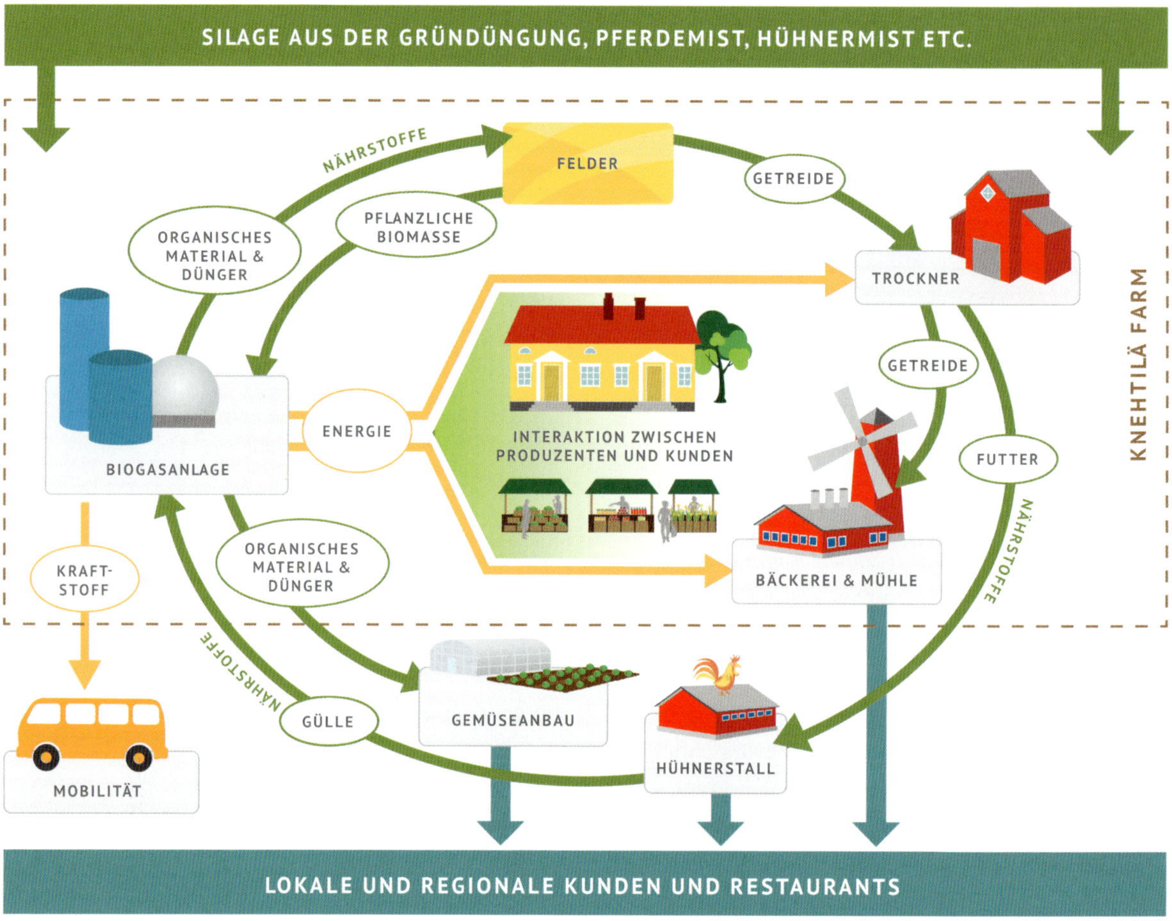

Landwirtschaft im Kreislauf: Die Pfeile zeigen die Nährstoff- (grün) und Energieflüsse (orange) und welche Produkte entstehen (türkis).

gab es sogar eine Verdopplung der Mengen. Die Nährwerte der geernteten Luzerne, eine in der Viehhaltung beliebte Futterpflanze, verbesserten sich ebenfalls deutlich. So stieg der Gehalt an Fettsäuren bei den mit Symbionten versorgten Pflanzen um ganze 105 Prozent an.

Arbuskuläre Mykorrhizapilze können auch die Konzentrationen von essenziellen Inhaltstoffen in Obst und Gemüse erhöhen. Sogenannte sekundäre Metaboliten wie Polyphenole und Carotinoide fördern die menschliche Gesundheit, und diese werden oft von den Pflanzen und den Pilzen gemeinsam produziert, erklärt Elisa Pellegrino. Die Anwesenheit der Symbionten setze bestimmte Stoffwechselprozesse in Gang. Letztere seien häufig Teil des pflanzlichen Abwehrsystems und führten zu einer verstärkten Synthese eben jener Stoffe. „Das sind erworbene und induzierte Reaktionen." Die sekundären Metaboliten sind übrigens nicht nur aus medizinischer Sicht interessant; sie bringen auch diverse Aromen hervor. Das freut den Genießer. Viele Fachleute blicken somit optimistisch in die Zukunft. Der gezielte Einsatz von Mykorrhizapilzen und anderen Symbionten werde dem Agrarsektor ganz neue Perspektiven eröffnen. Die Europäische Union hat den Gebrauch von biostimulierenden Mikroorganismen bereits in einer eigenen Richtlinie berücksichtigt, erzählt Elisa Pellegrino. Sie und ihr Team planen derweil den nächsten Schritt. „Wir haben eine Menge Grundlagenwissen erworben. Jetzt ist es Zeit, mit der angewandten Forschung zu beginnen."

Kleinbetriebe statt Wachstumswahn

Eine vollkommen andere Interpretation des Begriffs symbiotische Landwirtschaft hat eine Gruppe von Landwirten, Konsumentinnen und Forschern in Südfinnland ungesetzt. 2015 starteten sie gemeinsam das Pilotprojekt *„Palopuron agroekologinen symbioosi"*, benannt nach einem Dörfchen rund 40 Kilometer nördlich von Helsinki. Die Idee für ihre agrarökologische Symbiose, kurz AES, mit Fokus auf soziale Aspekte und Nachhaltigkeit entstand aus der Kritik am heutigen, globalisierten und konsolidierten Ernährungssektor. Dieser ist zu sehr marktorientiert, meint der Agrarökologe Juha Helenius von der Universität Helsinki. Bauern und Verarbeiter agieren darin als wachstumsfixierte Geschäftsleute; sie investieren in Technologie und produzieren überwiegend billige Lebensmittel. „Das aber ist eine industrielle Logik", betont Juha Helenius. Der Trend gehe deshalb zu großen, spezialisierten Betrieben und Monokulturen. Kleinbauern haben in diesem System keinen Platz mehr. Neben kulturellen Verlusten führt der Wachstumswahn zu vielerlei ökologischen Schäden und sozialen Verwerfungen. Eine Sackgasse, finden Helenius und seine Mitstreiter.

Das Palopuro-Projekt soll den Ausweg aufzeigen. Seine Grundlage ist die Integration von Landwirtschaftsbetrieben, Verarbeitern und Energieerzeugern in einem kooperativen Gefüge – eine agrarökologische Symbiose eben. Räumliche Nähe ermöglicht effizientere Produktionsprozesse. In Palopuro kommt der Mist von einer Hühnerfarm zunächst in eine Biogasanlage. Was nach der dortigen Vergärung übrig bleibt, landet als Dünger auf den Feldern des benachbarten Öko-Bauernhofs und in der Gemüsegärtnerei. „Nährstoffrecycling ist entscheidend", erklärt Helenius. Phosphor und Stickstoff müssen so weit wie möglich im lokalen Kreislauf erhalten bleiben. Das schützt die Gewässer vor Überdüngung, schont Ressourcen, und man spart Geld. Der Hof indes liefert unter anderem Futter für die Hühner und zukünftig Getreide für die neu geplante Bäckerei mitsamt Mühle. Die Biogasanlage versorgt Landwirtschaftsmaschinen und Häuser mit Energie, sogar auswärtige Autos können betankt werden. Kein Wunder, dass das Konzept europaweit Beachtung findet. Auch die Welternährungsorganisation FAO listet Palopuro in ihrer Wissensdatenbank.

Partnerschaftliche Nahrungssysteme

Agrarökologische Symbiosen sind nicht als isolierte, geschlossene Einheiten gedacht, wie Juha Helenius erläutert. Erst durch weiterreichende Zusammenarbeit mit andere AES, Warenaustausch und die Bildung von Netzwerken könne die Idee ihr ganzes Potenzial entfalten. Im Endeffekt entstünden dann sogenannte „food systems", Nahrungssysteme, in denen Produzenten und Verbraucher partnerschaftlich voneinander profitieren. Verbundenheit mit der Region ist ein wichtiger Zusatzaspekt, meint der Forscher. Die Menschen, die Lebensmittelkonsumenten, würden so wieder ein Gefühl dafür bekommen, woher ihr Essen stammt.

Die räumliche Ausdehnung von AES hat natürlich Grenzen, und diese werden in erster Linie von den erzeugten Energiemengen gesetzt, erklärt Juha Helenius. Will man zum Beispiel Brot mit Biogas aus den eigenen Betrieben transportieren, liege die Reichweite in Finnland bei ungefähr 100 Kilometern. Für andere Produkte sei die Ausgangslage deutlich schwieriger. „So mussten wir uns fragen: Woher bekommen wir unseren Kaffee?" Das braune Gebräu ist der Finnen liebstes Lebenselixier; Kaffeesatz stellt ein wesentlicher Anteil des Abfallaufkommens ihres Landes. Idealerweise sollten die darin enthaltenen Substanzen, vor allem Phosphor, zurückgewonnen und anschließend wieder exportiert werden, meint Helenius. Damit ließe sich zumindest ein Teil der Nährstoffverluste in den Anbauländern ausgleichen. „Vieles hängt eben von den Kosten für Logistik und Treibstoff ab", betont der Forscher. Letztlich wäre dann wohl auch die Politik gefragt.

Jana Burczyk

Gemeinsam anpacken

Um die Artenvielfalt zu retten – auch im Kleinen – müssen verschiedene Akteure zusammenarbeiten, die sich sonst als Gegenspieler gesehen haben: Landwirtschaftsbetriebe, Umweltschützer und öffentliche Einrichtungen. Wie eine erfolgreiche Zusammenarbeit aussehen kann, zeigt ein Projekt in Bremen.

Im Bremer Blockland arbeiten Landwirte und Naturschützer zusammen – mit Erfolg für den Artenschutz.

In Bremen bahnte sich Anfang der 2000er-Jahre ein großer Konflikt zwischen Landwirten und dem Land Bremen an. Eine rund 3000 Hektar große Fläche sollte als „Natura 2000"-Gebiet ausgewiesen werden. Auf diesem Gebiet, dem Bremer Blockland, sollte ein Schutzgebiet für gefährdete Wiesenvögel entstehen. Landwirtschaftsbetriebe, die dort Wiesen und Weiden nutzten, positionierten sich zunächst gegen die Ausweisung. Sie fürchteten hohen Aufwand, Zusatzkosten und Ernteverluste. Vor allem hatten sie Angst, dass restriktiver Naturschutz sie in der Flächenbewirtschaftung einschränken könnte.

„Die Betriebe waren damals sehr schlecht auf den Vogelschutz zu sprechen, und Höhepunkt der Spannungen war eine Klage der Betriebe vor dem Europäischen Gerichtshof, die die Betriebe verloren", erinnert sich Arno Schoppenhorst, Projektverantwortlicher „Kooperatives Schutzgebietsmanagement" des Bundes für Umwelt und Naturschutz (BUND) Bremen. Das Thema Vogelschutz lag ihm am Herzen, und da die Vogelbestände jahrelang stark zurückgegangen waren, beschloss er, einen anderen Weg einzuschlagen – auf die Betriebe zu. „Zunächst haben wir viele Gespräche geführt. Da ging es erstmal darum, ein gemeinsames Problembewusstsein zu schaffen und praktikable Lösungen zu finden."

Eine große Gefahr für die besonders seltenen Wiesenbrüter ist das Mähen, bei dem viele Gelege vernichtet und Jungtiere getötet werden. Auf den Wirtschaftsflächen von zunächst zwei Betrieben markierte Schoppenhorst gemeinsam mit den Landwirten Gelege und Brutplätze, damit sie beim Walzen, Striegeln, Düngen oder Mähen umfahren werden konnten. „Das klappte ganz gut, und im Anschluss haben wir zu offenen Gesprächsrunden eingeladen, um die Bedenken in Bezug auf komplizierte Maßnahmen oder auch Ängste vor größeren Ernteverlusten zu nehmen. Über die Jahre nahmen dann mehr und mehr Betriebe teil, und unsere Maßnahmen gehen jetzt über den bloßen Gelegeschutz hinaus."

Erfolg in Bremen

Mittlerweile läuft das Projekt erfolgreich seit 19 Jahren, ist gemeinhin akzeptiert und wird auf breiter Ebene unterstützt: Als das Projekt startete, gab es rund 200 Brutpaare in dem Natura 2000-Gebiet. Heute sind es annähernd 700. Neben den landwirtschaftlichen Betrieben und der Jägerschaft – oft in Personalunion – beteiligt sich auch die Naturschutzbehörde sowie eine Projektgruppe des BUND Bremen. Seit 2008 wird das Vorhaben außerdem vom Land Bremen und durch Mittel der Europäischen Union gefördert. Die beteiligten Betriebe können sich auf Fördermittel beziehungsweise finanzielle Entschädigungen verlassen. Wirtschaftlich relevant ist auch eine Verbesserung der Futtermittelqualität, da Reste von versehentlich übermähten Tieren und Gelegen das Heu verunreinigen und beim Verfüttern zur Verbreitung von Krankheiten führen können. Aber auch auf emotionaler Ebene profitieren die Landwirte und Landwirtinnen: „Es macht Freude und erfüllt alle Beteiligten mit Stolz, die jungen Kiebitze und Schnepfen aufwachsen zu sehen", erzählt Schoppenhorst. Die Öffentlichkeit und das Land sowie die EU profitieren ihrerseits von den geschützten Gebieten durch die Arterhaltung, einem intakten Ökosystem und politisch durch das Verfolgen und Erreichen selbstgesteckter Ziele. Für Schoppenhorst überwiegt bei dem Projekt aber der emotionale Wert. Ihm und seinem Team liegen die Vögel einfach am Herzen.

Das Bremer Projekt verdeutlicht, wie eine Zusammenarbeit im Artenschutz zwischen verschiedenen Beteiligten gelingen kann. Durch ganz viel reden – und gegenseitiges Verständnis und Vertrauen.

Unterschiedliche Formen der Kooperation

In den letzten 20 Jahren sind Kooperationen zwischen Umweltorganisationen wie dem BUND und Unternehmen, wie im Falle Bremens den Landwirtschaftlichen Betrieben, immer häufiger geworden. Untersuchungen zu den Erfolgsfaktoren solch einer Zusammenarbeit gibt es bisher wenige. Das Forschungsvorhaben „Innovative NRO-Unternehmens-Kooperationen für nachhaltiges Wirtschaften" des Unabhängigen Instituts für Umweltfragen UfU, dem Institut für Ökologische Wirtschaftsforschung IÖW und dem Netzwerk UPJ, hat sich an diese Frage herangewagt: Unter welchen Bedingungen ist die Zusammenarbeit zwischen Unternehmen und Nichtregierungsorganisationen (NROs) erfolgreich und damit gut für die Umwelt?

Dabei fanden sie verschiedene Kooperationstypen, die alle unterschiedlich enge Zusammenarbeit voraussetzen und verschieden innovative Lösungen versprechen. Zum einen sind da Spenden, Sponsoring beziehungsweise anlassbezogenes Marketing oder wirkungsorientiertes Investieren. Dabei unterstützt das Unternehmen die Arbeit der NRO mit Geld oder Sachspenden. Die anderen Kooperationsformen gehen über einen reinen Geld- oder Materialfluss hinaus: Die Unternehmen investieren auch Zeit, etwa wenn sie ihren Mitarbeitenden ermöglichen, sich während der Arbeitszeit für ein bestimmtes Umweltprojekt einzusetzen, und sie treten in den Dialog über bestimmte Themen. Etwa wenn beim Stakeholder-Dialog Probleme von verschiedenen Seiten beleuchtet und gemeinsam mit allen Interessengruppen Lösungen entwickelt werden. Wenn Unternehmen und NROs gemeinsam Lobbyarbeit betreiben und sich zum Beispiel für ein Gesetzesvorhaben

Noch vor hundert Jahren wurden Kiebitzeier gerne gesammelt und gegessen. Heute ist das streng verboten, denn die Vögel sind stark bedroht.

Feuchtgrünland ist in Deutschland selten geworden. Doch im Bremer Blockland findet der Vogel wieder einen Lebensraum. Rund 300 Kiebitzpaare leben in der landwirtschaftlich geprägten Region.

einsetzen oder wenn die NRO unmittelbar Einfluss auf die Geschäftstätigkeiten der Unternehmen nehmen kann. Grade diese letzte Art der Kooperation ist besonders eng – und besonders wirksam, greift sie doch direkt in die Unternehmen ein und sorgt dafür, dass Prozesse umweltfreundlicher gemacht werden. Anschaulich wird das bei dem Bremer Projekt zum Wiesenvogelschutz: Hier änderten die Betriebe in Zusammenarbeit mit dem BUND ihren Arbeitsablauf vor und während des Mähens, um zu verhindern, dass Tiere und Gelege zu Schaden kommen. Wichtig ist laut des Forschungsvorhabens für Kooperationen vor allem, die Zusammenarbeit wie ein gutes Projekt zu managen – mit gemeinsamen Zielen und einer Strategie; Klarheit über die jeweiligen Rollen, über Prozesse; genügend Raum fürs Lernen und Innovationen.

Gutes für sich und andere

Laut dem indisch-amerikanischen Ökonomen und Vordenker C. K. Prahalad müssen erfolgreiche Ko-

Im Bremer Blockland achten die Landwirte darauf, die Brut nicht zu zerstören. Von der Uferschnepfe, deren Gelege hier zu sehen ist, brüten inzwischen über 70 Paare in der Region.

operationen außerdem eine Bedingung erfüllen: Sie müssen Eigen- und Kollektivinteressen verbinden. So wie die Landwirte in Bremen die Vögel schützen – ein Kollektivinteresse – und dafür unter anderem staatliche Förderung erhalten – ein Eigeninteresse. Prahalad bezeichnet das als „Next Practices", zu denen noch weitere Eigenschaften gehören, die auch das Vorhaben zum Vogelschutz in Bremen teilweise auszeichnen: ie Zusammenarbeit begann mit kleinen Gruppen, Umweltvorteile wurden bewertet und messbar gemacht, die Ziele waren zunächst zwar klein, aber schnell erreichbar, ein unabhängiges Projektmanagement und ein positiver Wettbewerb zwischen den Landwirten wurde etabliert, gegenseitiges Vertrauen gefördert.

Wie wichtig gerade gegenseitiges Vertrauen ist, hat auch Arno Schoppenhorst vom BUND erlebt. „Ohne wäre unser Wiesenvogelschutzprojekt wahrscheinlich weniger erfolgreich". Aber auch Transparenz und der gemeinsame Dialog seien essenziell.

Große Brachvögel sind sehr brutplatztreu. Sie versuchen auch dann noch an ihrem angestammten Platz zu brüten, wenn aus ihrer Wiese längst ein Acker geworden ist. Dabei finden sie nur auf nassen, weichen Böden Nahrung.

Bildnachweis

S. 2–3: Jean-François Ducasse / imageBROKER / Okapia | **5, 12 ff., 30 ff., 54 ff., 76 ff., 94 ff., 110 ff.:** Grafik: Melanie Jungels, TYPOREICH, Quelle: Adobe Stock/ Kravchenko; Adobe Stock / Oksana; Adobe Stock / Von putra_purwanto; Adobe Stock / Payz; Adobe Stock / Abstract; Adobe Stock / bsd studio | **6–7:** Amanda Cotton / Ocean Image Bank | **8–9:** Patrick Frischknecht / Okapia | **10–11:** Thomas Dressler / ARDEA / Okapia | **12–13:** Gabriel Barathieu / BIOS / Okapia | **14:** Renata Romeo / Ocean Image Bank | **15:** Matt Cole / FLPA / Okapia | **16:** Adobe Stock / Christoph Burgstedt | **17 links:** picture alliance | **17 rechts:** akg-images | **18:** Jürgen Vogt-Mössingen / Okapia | **20 links:** NAS / M. Abbey / Science Source / Okapia | **20 Mitte:** Björn Ullhagen / FLPA / Okapia | **20 rechts:** Warren Baverstock / Ocean Image Bank | **21 links:** Nigel Cattlin / Okapia | **21 Mitte links:** picture alliance / WILDLIFE | WILDLIFE / D. Harms | **21 Mitte rechts:** Adobe Stock / Petr Šimon | **21 rechts:** Adobe Stock / Dr_Microbe | **22:** Adobe Stock / Anatomy Insider | **24:** Science Photo Library / Microscape | **25:** mauritius images / Science Photo Library / Pikovit | **26:** Adobe Stock / Andrea | **27:** mauritius images / Jordi Salas / Alamy / Alamy Stock Photos | **28:** picture alliance / dpa / Foto: Claire N. Spottiswoode / Science / dpa | **29:** Emanuele Biggi / Lighthouse/Okapia | **30–31:** Ingo Arndt Photography | **32:** mauritius images / nature picture library / Rolf Nussbaumer | **35:** Adobe Stock / Andrew Deer | **35 Auschnitt:** Adobe Stock / Martin | **36, 37:** Ingo Arndt Photography | **38:** Sergio Hanquet / BIOS / Okapia | **40:** Paulo de Oliveira / Okapia | **41:** Liang Li / Max-Planck-Institut für Verhaltensbiologie | **42:** Ingo Arndt Photography | **43:** Dr. Martin Woike / Okapia | **44:** naturepl.com / Neil Bromhall | **45:** naturepl.com / Neil Bromhall | **46:** naturepl.com / Neil Bromhall | **47:** naturepl.com / Joel Sartore / Photo Ark | **48:** Alan Root / Okapia | **49:** Clint Penick, Penick Lab | **50:** NAS / J.P. Varin / Jacana / Okapia | **51:** Wikimedia Commons / Johann Dréo (CC BY-SA 3.0) | **52:** Adobe Stock / allaeliseeva | 54-55: Philippe Moes / BIOS / Okapia | **56:** J-L Klein & M-L Hubert / Okapia | **58:** Grafik: Melanie Jungels, TYPOREICH, auf Grundlage von: Karte NABU, Wolf – Vorkommen in Deutschland, Quellen: Dokumentations- und Beratungsstelle des Bundes zum Thema Wolf (DBBW), Stand 12.12.2022; Zahlen beziehen sich auf das Monitoringjahr 2021/22; ein Monitoringjahr erstreckt sich von Anfang Mai bis Ende April des darauffolgenden Jahres. | **59:** imageBROKER / Digfoto/Okapia | **60:** Adobe Stock / JUAN CARLOS MUNOZ | **62:** Thorsten Milse / robertharding / Okapia | **63:** mauritius images / Zoonar GmbH / Alamy / Alamy Stock Photos | **64:** picture alliance / dpa | Inga Dauter / Wilhelma Stuttgart | **65:** picture-alliance / dpa | PA Handout / Foto: PA Empics | **66:** Bernd Zoller / imageBROKER / Okapia | **67:** Christopher Swann / BIOS / Okapia | **68:** Matthias Graben / imageBROKER / Okapia | **69:** Volker Lautenbach / imageBROKER / Okapia | **70:** naturepl.com / nup Shah | **71:** naturepl.com / Lou Coetzer | **72 oben:** naturepl.com / SCOTLAND: The Big Picture | **73:** mauritius images / Wildlife World / Alamy / Alamy Stock Photos | **72 unten:** Reinhard Dirscherl / Okapia | **74 oben:** picture alliance / Thomas Frey / dpa | Thomas Frey | **74 unten:** Wibke Woyke / imageBROKER / Okapia | **75 oben:** M. Watson / ARDEA / Okapia | **75 unten:** Adobe Stock / mirkomedia | **76–77:** NAS / Gerald C. Kelley / Okapia | **78:** Friedhelm Adam / imageBROKER / Okapia | **80:** naturepl.com / Kathryn Jeffs | **81:** naturepl.com / Tony Wu | **82 oben:** naturepl.com / Tony Wu | **82 unten:** John Hyde / DesignPics / Okapia | **83:** mauritius images / NOAA / Alamy / Alamy Stock Photos | **84:** Science Photo Library / Photostock-Israel | **85, 86:** Warneken & Tomasello (2006). Altruistic helping in human infants and young chimpanzees. Science. **87:** Adobe Stock / Diana Leadbetter | **88:** Traer Scott, with permission by Gerald Carter (CC BY-SA) | **89:** Nick Gordon / ARDEA / Okapia | **90:** Gerald Carter (CC BY-SA) | **91:** Günther Ziesler / SAVE-Okapia / Okapia | **92:** Frank Ludwig / imageBROKER / Okapia | **93:** Adobe Stock / rck | 94–95: mauritius images / Christian Hütter | **96:** Bill Coster / ARDEA / Okapia | **97:** Kevin Schafer / Alamy Stock Foto | **98:** Francois Gohier / ARDEA / Okapia | **99 oben:** Adobe Stock / Danita Delimont | **99 unten:** NAS / Gregory G. Dimijian / Okapia | **100:** Dale Robert Franz / Okapia | **101:** Grafik: Melanie Jungels, TYPOREICH, nach Vorlage von: Markl, J., Sadava, D., Hillis, D.M., Heller, H.C., Hacker, S.D. (2019). Biozönosen. In: Markl, J. (eds) Purves Biologie. Springer Spektrum, Berlin, Heidelberg. Abb. 56.3; unter Verwendung von: Adobe Stock / zxczxc80, Adobe Stock / Sensvector, Adobe Stock / Anastasiia Neibauer, Adobe Stock / OlgaKorneeva, Adobe Stock / klyaksun, Adobe Stock / cat_arch_angel / a7880ss, Adobe Stock / SvgOcean | **102:** mauritius images / Blickwinkel / Alamy / Alamy Stock Photos | **103:** Reiner Bernhardt / Okapia | **104:** Mara Brandl / imageBROKER/Okapia | **106:** mauritius images / Emmanuel LATTES / Alamy / Alamy Stock Photos | **107:** mauritius images / Romain bayle / Alamy / Alamy Stock Photos | **108:** Erich Schmidt / imageBROKER / Okapia | **109–110:** picture alliance / Shotshop | Birgit Reitz-Hofmann | **112:** akg-images / Science Photo Library / JOHN BAVARO FINE ART | **114:** picture alliance / Jenny Pate / robertharding | Jenny Pate | **116:** Hervé Champollion / akg-images | **115:** akg / Science Photo Library | **117:** picture alliance / dpa | Science / AAAS | **118:** picture alliance / imageBROKER | Thomas Robbin | **119:** Herrmannsdorfer Landwerkstätten | **120:** Herrmannsdorfer Landwerkstätten | **121:** mauritius images / Frank Hecker / Alamy / Alamy Stock Photos | **122:** Koppelmäki, K., Parviainen, T., Virkkunen, E., Winquist, E., Shculte, R.P.O. & Helenius. J. 2019. Ecological intensification by integrating biogas production into nutrient cycling: Modeling the case of Agroecological Symbiosis. Agricultural Systems 170. 39–48. https://doi.org/10.1016/j.agsy.2018.12.007 (CC BY 4.0 DEED) | **124:** picture alliance / dpa | Sina Schuldt | **126 oben:** Marcus Bosch / Okapia | **126 unten:** Willi Rolfes / Okapia | **127 oben:** R. Grossmann / LADE-Okapia | **127 unten:** Marcus Bosch / Okapia.